U0578551

皮书系列为
"十二五"国家重点图书出版规划项目

产业安全蓝皮书

BLUE BOOK OF
INDUSTRIAL SECURITY

中国新媒体产业安全报告
（2013~2014）

ANNUAL REPORT ON CHINA'S NEW MEDIA INDUSTRIAL SECURITY
(2013-2014)

主　编／北京印刷学院文化产业安全研究院

社会科学文献出版社
SOCIAL SCIENCES ACADEMIC PRESS（CHINA）

图书在版编目（CIP）数据

中国新媒体产业安全报告. 2013~2014/北京印刷学院文化
产业安全研究院主编. —北京：社会科学文献出版社，2015.12
（产业安全蓝皮书）
ISBN 978 - 7 - 5097 - 8321 - 4

Ⅰ.①中…　Ⅱ.①北…　Ⅲ.①传播媒介 - 产业 - 安全 -
研究报告 - 中国 - 2013~2014　Ⅳ.①G219.2

中国版本图书馆 CIP 数据核字（2015）第 261648 号

产业安全蓝皮书

中国新媒体产业安全报告（2013~2014）

主　　编 / 北京印刷学院文化产业安全研究院

出 版 人 / 谢寿光
项目统筹 / 周　丽　蔡莎莎
责任编辑 / 王楠楠

出　　版 / 社会科学文献出版社 · 经济与管理出版分社（010）59367226
　　　　　　地址：北京市北三环中路甲 29 号院华龙大厦　邮编：100029
　　　　　　网址：www. ssap. com. cn
发　　行 / 市场营销中心（010）59367081　59367090
　　　　　　读者服务中心（010）59367028
印　　装 / 北京季蜂印刷有限公司

规　　格 / 开本：787mm × 1092mm　1/16
　　　　　　印张：12　字数：127 千字
版　　次 / 2015 年 12 月第 1 版　2015 年 12 月第 1 次印刷
书　　号 / ISBN 978 - 7 - 5097 - 8321 - 4
定　　价 / 79.00 元

皮书序列号 / B - 2015 - 472

　　本书受教育部专项任务"中国产业安全指数研究"资助（项目编号：B09C1100020）

学术委员会

课题实施单位 北京交通大学中国产业安全研究中心
北京印刷学院文化产业安全研究院

课 题 组 组 长 李孟刚

课 题 组 副 组 长 佟　东

成　　　员 佟　东　肖　丽　陈学民　韩丽雯　王卓宇
孙玉权　塔　琳

执　　　笔 佟　东　肖　丽　孙玉权　王卓宇

审　　　稿 佟　东

摘　要

　　新媒体产业作为文化产业的重要组成部分，是第三产业的重要分支，对国民经济发展具有突出的贡献。新媒体产业承载和反映了媒介融合的时代背景。新媒体产业在其发展过程中体现出了三个与其他文化产业不同的特点。

　　第一，新媒体产业具有媒介融合的特征。新媒体技术是新媒体产业发展的主要力量源泉，然而仅仅是新媒体技术还不足以推动新媒体产业快速发展，新媒体内容则是另外一个推动新媒体产业发展的重要因素。借助新媒体产业技术和新媒体产业内容"两条腿"走路，本身积淀较少的新媒体产业才可以实现如今的快速发展。无论是数字电视、IPTV 的硬件融合，还是网络杂志、手机报纸的软件融合，都是在媒介融合的思想指导下诞生和发展的。同时，新媒体技术、形态、内容不断融合，推动新媒体产业链和价值链有机整合，为新媒体产业带来了新的业务模式和盈利模式。

　　第二，新媒体产业同时体现出一个国家的硬实力和软实力。一个国家综合国力的提升，是国家硬实力和软实力共同发展的体现。新媒体产业作为一个新的媒介传播平台，以全新、互动、亲民化的传播载体将人们紧密地联系在一起，提高了文化传播的效率，增强了文化的渗透力。新媒体产业的兴起和发展，极大地改变了人们的传统生活方式，为国家软实力的提升提供了一个新的传播环境和传播渠道。同时，新媒体产业大量使用信息技术，与信息产业关联度较高。新媒体产业的发展，能够为国家的信息化战略提供网络平台，推动军事信息化和国防信息化建设，从侧面提升国家硬实力。

第三，新媒体产业发展的不安全性。相对于传统媒体产业，新媒体产业从发展之初就表现出明显的融合性、竞争性和变动性。新媒体产业的这些特性，使其发展存在一定的不安全性。这也是本报告发布的一个初衷。而新媒体产业安全包括新媒体产业的存在安全和新媒体产业的发展安全两个方面。

本报告由三个部分组成，即总报告、行业报告和专题报告。

总报告为《中国新媒体产业安全现状及存在的问题》。总报告首先界定了新媒体产业安全的含义以及本报告的研究范围。其次从新媒体产业的视角分析了 2013～2014 年新媒体产业安全的总体状况、面临的挑战，以及存在的问题，并将新媒体产业安全存在的共性问题提炼出来。

行业报告重点选取占新媒体产业产值比重较高的移动媒体产业为研究对象，对其产业安全的现状、存在的问题及对策进行了分析和探讨。

专题报告包括三个分报告，这三个分报告的内容均为与新媒体产业安全密切相关的问题，即大数据技术对新媒体产业安全与发展的影响、数字技术时代新媒体产业的版权安全问题以及出版传媒企业上市风险问题。

目　录

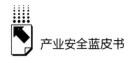

BⅢ 专题报告

皮书数据库阅读**使用指南**

总 报 告

General Report

B.1

中国新媒体产业安全现状及存在的问题

佟 东*

摘　要： 2013 年我国新媒体产业实现了长足的发展，同时在政策环境、产业融合、产业新发展和产业投融资等方面也出现了新的特点。在关注新媒体产业发展的同时，我们更要关注新媒体产业的安全问题。2013 年我国新媒体产业在产业发展力、产业国际竞争力、产业控制力和产业对外依存度等方面呈现出新的趋势。

关键词： 新媒体产业　发展状况　发展特点　产业安全

---

* 佟东，北京印刷学院文化产业安全研究院讲师。

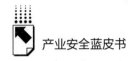

"新媒体"一词是美国哥伦比亚广播电视网技术研究所戈尔德马克于 1967 年提出的。新媒体是相对于传统媒体而言的，是继报刊、广播、电视等传统媒体之后发展起来的新的媒体形态，是利用数字技术、网络技术、移动技术，通过互联网、无线通信网、卫星等渠道以及电脑、手机、数字电视等终端，向用户提供信息和娱乐服务的传播形态和媒体形态。[①] 本报告所指的新媒体产业包括移动媒体产业、IPTV 产业和网络媒体产业。

一 新媒体产业安全的界定

（一）新媒体产业安全

新媒体产业是文化产业的一个重要组成部分，在文化产业的众多细分行业中，新媒体产业更贴近人们的日常生活，其所提供的产品与服务已经渗透到生活的各个环节中。新媒体产业安全是指新媒体产业的生存和发展不受威胁的状态。具体来讲，新媒体产业安全包含三层含义：第一，安全主体是我国的新媒体产业；第二，新媒体产业安全包括新媒体产业生存安全和新媒体产业发展安全两个方面；第三，新媒体产业的安全状况可以通过评价该产业受威胁的程度反推得到。

1. 安全主体是我国的新媒体产业

对安全主体的界定包括两个方面，即区域范围和产业范围。区

---

① 石磊：《新媒体概论》，中国传媒大学出版社，2009。

域范围是确定产业安全主体时首先要明确的问题之一，它既可以是世界范围内的区域组织，也可以是一个国家或国家联盟，既可以是省、自治区、直辖市，也可以是市、县、区、镇，甚至是村，只要有新媒体产业的存在就可以被确定为区域范围。在本报告中，安全主体的范围为中国，即本报告研究的是中国的产业安全问题。对安全主体界定的另一个方面是产业范围，这是确定安全主体的很重要的一方面。显而易见，本报告研究的产业是新媒体产业及其细分行业，具体包括移动媒体产业、IPTV 产业和网络媒体产业。因此，本报告所研究的新媒体产业安全的安全主体是中国新媒体产业及其细分行业，即中国移动媒体产业、中国 IPTV 产业和中国网络媒体产业。

2. 新媒体产业安全包括新媒体产业生存安全和新媒体产业发展安全两个方面

新媒体产业安全包括新媒体产业生存安全和新媒体产业发展安全两个方面，具体而言，还应该包括各细分行业的生存安全和发展安全。因此，在本报告中，新媒体产业发展与新媒体产业安全是两个同样重要的问题，研究产业安全是为了更好地促进产业发展，反过来，产业发展需要更安全的产业状态，二者相辅相成，紧密相关。因此，在设计本报告的内容和结构时，我们充分考虑到产业安全问题的这一特性，将新媒体产业发展和新媒体产业安全同时作为本报告的研究对象，既突出研究的重点，又不失研究的全面与客观。

3. 新媒体产业安全与新媒体产业威胁是相互对立的

其实，产业安全与产业威胁是同一问题的两个方面，新媒体产

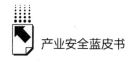

业越安全，说明新媒体产业受威胁的程度越小；反之，如果新媒体产业受威胁程度越大，则说明新媒体产业越不安全，即新媒体产业安全状况越差。因此，当无法直接判断新媒体产业安全状况时，我们可以通过分析新媒体产业安全受威胁的程度来进行反推，从而得出新媒体产业安全的状况。

（二）新媒体产业安全的研究范围

本报告对新媒体产业安全的研究范围做了如下界定。

1. 新媒体产业发展

对新媒体产业发展现状的梳理与分析，是研究新媒体产业安全，特别是新媒体产业生存安全的基础，更是新媒体产业发展安全的基石。因此，对新媒体产业安全的研究，应该以新媒体产业发展现状为基础，具体包括新媒体产业发展状况和新媒体产业发展特点两个方面。其中，新媒体产业发展状况包括：新媒体产业总体发展现状、移动媒体产业发展现状、IPTV 产业发展现状和网络媒体产业发展现状；而新媒体产业发展特点包括：新媒体产业总体发展特点、移动媒体产业发展特点、IPTV 产业发展特点和网络媒体产业发展特点。

2. 新媒体产业安全

新媒体产业安全是本报告的创新内容，本报告所研究的新媒体产业安全是基于产业安全理论展开的，并且是以新媒体产业发展为研究基础的，具体而言，对新媒体产业安全的研究包括：新媒体产业安全存在的问题、移动媒体产业安全存在的问题、IPTV 产业安全存在的问题和网络媒体产业安全存在的问题。

3. 新媒体产业安全热点

随着网络技术、信息技术的发展，互联网被广泛地应用到媒体中，同时，一些新的产业安全问题也显现出来，如大数据技术对新媒体产业安全与发展的影响、数字技术时代新媒体产业的版权保护问题以及传媒企业上市风险研究等。这些与新媒体产业安全息息相关的热点问题也是本报告研究的重点内容。

二　2013~2014年新媒体产业安全总体状况

（一）内容生产建设情况

自从2013年进入移动互联网时代以来，视频行业一直在往移动视频的方向发展。2014年4G网络的正式普及与推广，更是给移动视频打入了一剂"强心剂"，各视频网站纷纷加大在移动视频上的投入，摩拳擦掌备战4G时代。在移动视频市场的井喷之年，其发展重点在于移动端和PC端的优势互补，进一步开发和扩展移动视频的盈利模式。2013年全年，中国在线视频市场规模达128.1亿元，同比增长41.9%。2013年，在移动端快速发展以及优质长视频内容的带动下，在线视频市场规模保持较快增长态势。2014年一季度中国在线视频行业市场规模达到38亿元，同比增长65.2%，环比降低9.5%，2014年二季度市场规模达到47亿元，环比增长达到23.7%（见图1）。由于在线视频市场规模主要来自广告收入，受季节性因素影响，每年一季度是广告营收的低谷时期，从而拉低了在线视频行业市场规模一季度的环比

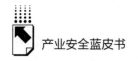

增长率。在移动端商业化深入的带动下，2014 年二季度移动视频付费用户方面的增长成为视频行业的主要增长部分，从而带动在线视频行业整体市场规模的增长。

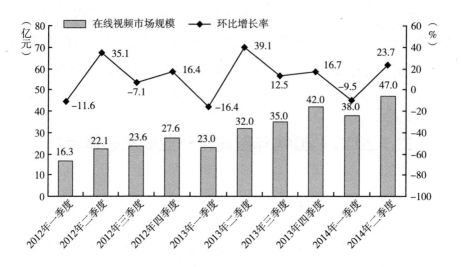

图 1　2012 年至 2014 年上半年中国在线视频行业市场规模

资料来源：速途研究院《2014 年第一季度视频市场分析报告》，2014。

2013 年共有 37 档新上季播节目，其中属于第一季首次开播的节目有 24 档，占新节目的 64.86%，新生力量不容小觑。另外，继上年热播之后，继续播出第二季的节目有 6 档，已播出 3 季及以上的成熟季播节目有 7 档（见图 2）。2013 年首次播出的第一季季播节目和播出 3 季及以上的成熟季播节目均以歌舞竞技为主要内容，延续上年播出的第二季季播节目则以歌舞之外的技能比拼为主，此类竞技类节目占第二季季播节目总量的近七成。其中，第一季《我是歌手》《舞出我人生》等歌舞类竞技节目有 14 档，占第一季首次开播节目数量（24 档）的 58.33%，《中国星跳跃》《超级演说家》等其他竞技类节目有 10 档，占 41.67%；第二季《中国好声音》等歌舞类竞技节目有 2 档，占继续播出第二季节目数量（6档）的 33.3%，其他如《士兵突击》《顶级厨师》《创赢未来》等均为其他竞技类节目，共有 4 档，占 66.67%；第三季及播出 3 季以上的节目有《势不可挡》《中国梦想秀》等，以歌舞类竞技节目为主，有 4 档，占已播出 3 季及以上的成熟季播节目数量（7 档）的 57.14%，其他竞技类节目有《中国达人秀》和《男生女生向前冲》等，占 42.86%。

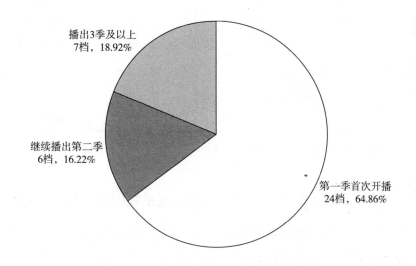

图 2 2013 年卫视季播节目占比

资料来源：索福瑞媒介研究有限公司《2013 年卫视季播节目收视解析》，2014。

2013 年内容以竞技为主的新节目收视率 TOP10 中，有 5 档节目都是 2013 年新开播的第一季节目，东方卫视、湖南卫视和浙江卫视节目占其中的 90%。除歌舞类竞技以外的其他竞技类节目收视率 TOP10 中，有 4 档节目都是 2013 年新开播的第一季节目，但与歌舞类竞技节目相比，其他竞技类节目播出以第二季的数量更多（见表1）。

表1　2013年卫视竞技类季播节目TOP10（除歌舞类竞技节目外）

频道	节目名称	播出进度	开播日期
安徽卫视	《超级演说家》	第一季	2013.08.01
安徽卫视	《男生女生向前冲》	第五季	2013.05.02
东方卫视	《中国达人秀》	第四季	2013.11.18
东方卫视	《梦立方》	第二季	2013.04.18
东方卫视	《顶级厨师》	第二季	2013.01.16
湖南卫视	《百变大咖秀》	第三季	2013.01.10
江苏卫视	《星跳水立方》	第一季	2013.04.07
云南卫视	《士兵突击》	第二季	2013.04.05
浙江卫视	《中国星跳跃》	第一季	2013.04.06
中央台十套	《中国汉字听写大会》	第一季	2013.08.02

资料来源：索福瑞媒介研究有限公司《2013年卫视季播节目收视解析》，2013。

视频点击量是反映某一电视频道原创视频网络传播效果的一个重要指标。电视台积极稳妥地推进与视频网站合作结盟，实行多家视频联播模式，这样做有利于最大限度地互通有无，提高视频点击量，进一步增强其网络影响力。如果说2012年电视媒体凭借《舌尖上的中国》《中国好声音》等一众优秀电视栏目，从网络关注规模量级上全面开启了中国电视节目网络传播收视的新时代，那么从近年来的监测数据来看，2013年将成为电视节目网络视频点击量的爆发年，在第二屏幕上收看电视节目已发展成为一种趋势。2013年上半年省级卫视视频点击量TOP10见图3。

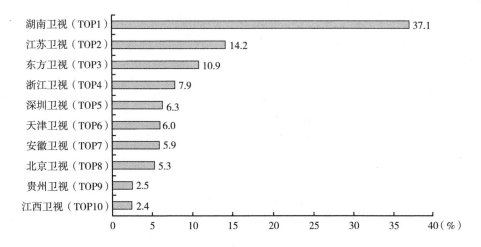

图3　2013年上半年省级卫视视频点击量TOP10

资料来源：CMMR《2013年省级卫视电视节目网络传播效果分析报告》，2013。

（二）发布平台建设情况

2013年中国移动端视频呈现出"运营商视频"与"在线视频"两线并存的特点。中国移动端视频运营商或在线视频企业向用户提供以手机、平板电脑等移动设备为使用终端，以流媒体为播放格式的视频直播、点播等服务，产业链涉及内容提供方、内容聚合方、自办内容牌照商、集成播控平台、运营商、渠道商、在线视频播出平台等多个环节，主要包括运营商视频和在线视频两类模式。运营商视频模式的内容提供方通过集成播控平台和运营商合作，在渠道商的推广下，将视频内容送达用户，主要参与者为内容提供方、内容聚合方、牌照商、运营商和渠道商。在线视频模式则绕过牌照商和运营商，由内容聚合方直接通过在线视频播出平台向用户提供视频播放业务，主要参与者为内容提供方、内容聚合方和

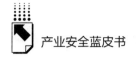

在线视频企业（见图4）。两类模式采取差异化发展战略，预计未来将长期并存，共同推动中国移动端视频行业整体发展。

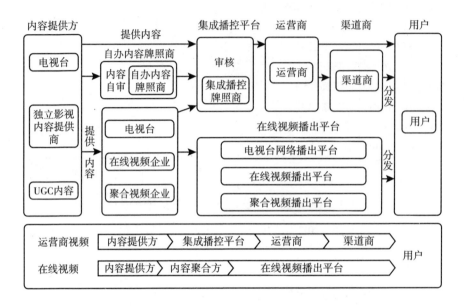

图4 2013年中国移动端视频产业发布平台

资料来源：艾瑞咨询《2014年中国移动端视频行业研究报告》，2014。

2013年12月，中国移动、中国联通、中国电信三大运营商获得4G–LTE牌照后相继拉开4G商用的帷幕，牌照商、渠道商纷纷致力于业务优化，运营商协同视频产业链各环节保持行业稳定发展。同时，2013年在线视频企业迎来移动端发展元年，移动营销市场规模接近5亿元，2014年有更多的独立视频App涌现出来，在线视频企业移动端迎来了大范围爆发式发展，市场规模进一步扩大。运营商视频和在线视频未来将共同发力，助推中国移动端视频行业快速发展。

将六大社会化媒体平台的发展速度进行对比可以看出，2004年Facebook突破1亿用户用了54个月，而同样是突破1亿用户，

2005 年作为中国版 Facebook 上线的人人网用了 43 个月，2006 年上线的 Twitter 用了 42 个月，2008 年上线的开心网用了 35 个月，2009 年上线的新浪微博用了 19 个月，2011 年上线的微信用了 14 个月（见图 5）。随着社交平台的逐步兴起，用户的接受能力越来越强，突破 1 亿用户所用时间越来越短。2013 年，随着微信自媒体的热度持续快速提高，大量媒体与企业入驻微信公众账号。腾讯在 2013 年 11 月发布的 2013 年三季度财报显示，微信的月度活跃用户数达到 2.7 亿人，微信由于具有强社交关系属性，传播链条相对封闭。相比之下，虽然微信在信息传播上弱于以媒体属性见长的微博，但这依然阻挡不了企业对微信的看好。

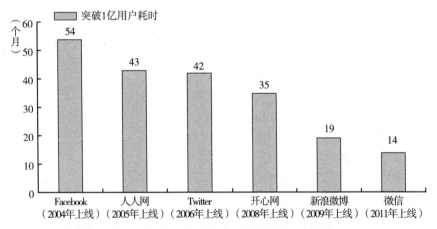

图 5　2013 年六大社会化媒体平台发展速度对比

资料来源：速途研究院《2013 年自媒体行业发展分析报告》，2013。

（三）传送与分发网络情况

与中央电视台新闻栏目的表现相比，省级卫视新闻栏目的网络媒体报道情况整体尚待提升。但在频道特色化、专业化发展过程

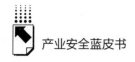

中，省级卫视也不乏叫得响的新闻栏目，它们以各具特色的栏目定位寻求突破。2013年上半年网络媒体对山东卫视《山东新闻联播》栏目的引用主要为《山东新闻联播》所报道的山东省在政治、经济、文化、教育、科技、医疗、卫生等各领域所取得的成就。深圳卫视《直播港澳台》的节目选题不囿于政治议题，而是涉及各种有趣的社会、文化议题，是目前中国大陆较具影响力的涉港澳台电视新闻节目之一，而且在新媒体时代，该栏目注重通过大力推广全媒体的发展战略，打造立体化的传播渠道，使其高品质的节目内容触及更广泛的人群，其新闻话题获得网媒的持续报道和转载。2013年上半年省级卫视新闻栏目网媒关注度TOP10见图6。

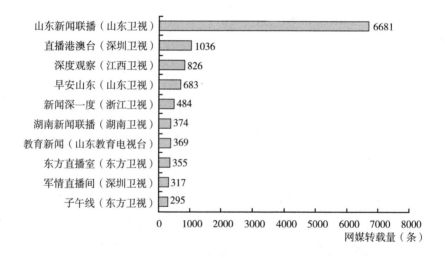

图6　2013年上半年省级卫视新闻栏目网媒关注度TOP10

资料来源：CMMR《2013年省级卫视电视节目网络传播效果分析报告》，2013。

作为电视频道发声利器的新闻栏目，除了在传统领域搏击以外，也不可忽视微博在推广体系中的渠道作用，从而实现电视与微博两个舆论场的结合。综观2013年上半年省级卫视新闻栏目微博提及量TOP10 榜单,东方卫视《看东方》栏目微博提及量达1472065条,以绝对优势位居榜首(见图7)。该栏目在话题选择上颇为多样且贴近生活,主播的主持风格也十分灵活,从而造就了栏目时尚、实用、充满活力的形象,赢得了较多网民的关注与评论。湖南卫视的《新闻当事人》作为全国第一档"80后"青年发声的新闻栏目,成功拓展了青少年这个以往新闻节目观众群体的"真空区",以292639条的微博提及量居榜单第二位,这一成绩的取得无疑应归功于其敏锐的新闻触角和不拘一格的节目形式,为新闻节目注入了"类娱乐元素",从而使其在年轻观众群体中焕发了勃勃生机,这也与微博年轻的用户结构相契合。

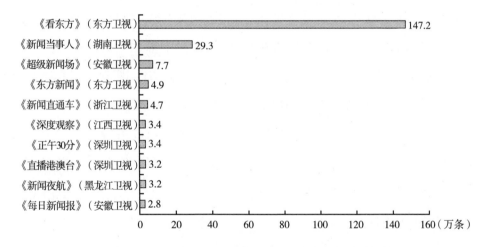

图7 2013年上半年省级卫视新闻栏目微博提及量TOP10

资料来源:CMMR《2013年省级卫视电视节目网络传播效果分析报告》,2013。

在各家省级卫视新闻栏目网络收视表现中,东方卫视鲜明的"新闻立台"定位威力再现,有《看东方》《东方新闻》《东方直播室》《东方夜新闻》《东方午新闻》5档优质新闻栏目跻身省级

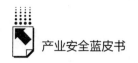

卫视新闻栏目网络视频点击量 TOP10，占据了省级卫视新闻栏目的半壁江山。深圳卫视的《直播港澳台》《正午30分》《军情直播间》，广东卫视的《财经郎眼》《全球零距离》也均榜上有名。其中，深圳卫视的《直播港澳台》《正午30分》和东方卫视的《看东方》位列2013年上半年省级卫视新闻栏目网络视频点击量前三名。深圳卫视的《直播港澳台》作为中国大陆较具影响力的涉港澳台电视新闻节目之一，凭借丰富即时的大中华资讯、独立和独到的观点、包罗万象的社会故事，紧紧把握新媒体发展的时代脉搏，推广全媒体发展战略，让高品质的节目内容通过不同的媒介渠道传播到更广泛的人群中，尤其是锁定"80后"年轻群体，在2013年上半年轻松实现点击量过2亿次，稳坐省级卫视新闻栏目网络视频点击量榜首的宝座。《军情直播间》凭借"中菲黄岩岛持续对峙""中日钓鱼岛升温"等深度报道获得极高的点击收视率（见图8）。综观2013年上半年，省级卫视新闻栏目力争以各具特色的表现方式整合自身优质内容，进而博取较高的网络视频点击量。

对于省级卫视而言，综艺栏目一直是较具优势的一种栏目形式，这同时也意味着各大卫视之间在这一领域存在着激烈的竞争。2013年上半年省级卫视在综艺栏目领域呈现出多家争霸的发展态势，一家卫视独霸的局面已不复存在。湖南卫视的《我是歌手》、江苏卫视的《星跳水立方》和浙江卫视的《中国星跳跃》分别列榜单前三名。2013年上半年依旧是歌唱类节目主打天下，除《我是歌手》外，浙江卫视的《中国好声音》因开播前持续的各种推广和话题传播而备受关注，东方卫视的《中国梦之声》也因二季度的出色表现而上榜（见图9）。

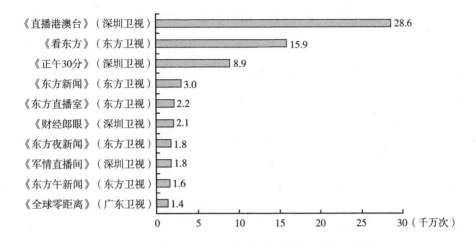

图8 2013年上半年省级卫视新闻栏目网络视频点击量TOP10

资料来源：CMMR《2013年省级卫视电视节目网络传播效果分析报告》，2013。

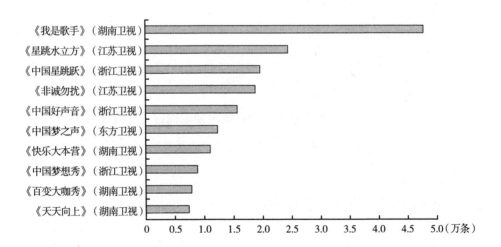

图9 2013年上半年省级卫视综艺栏目网媒关注度TOP10

资料来源：CMMR《2013年省级卫视电视节目网络传播效果分析报告》，2013。

综观2013年上半年省级卫视首播电视剧网媒关注度TOP10，每部首播剧均吸引了400家以上的网络媒体密集报道。其中，

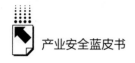

网络媒体主要集中在搜狐网、新民网、凤凰网、21CN、南海网等门户类网站。从题材和类型来看，古装武侠、历史传奇、家庭言情、都市轻喜等几类剧目相对更受网媒关注（见图10）。在网络传播与影响力打造方面，各大卫视首播剧或制造话题，或与品牌节目联动宣传，或联合首播、开展协同营销，策略各有侧重。

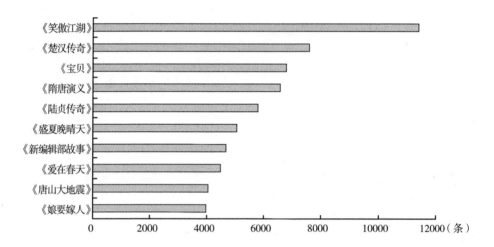

图10 2013年上半年省级卫视首播电视剧网媒关注度TOP10

资料来源：CMMR《2013年省级卫视电视节目网络传播效果分析报告》，2013。

（四）接收终端发展情况

移动设备逐渐成为用户观看视频的主要工具。在用户观看视频经常使用的设备中，智能手机超过个人电脑，成为第一名，使用占比为77.5%（见图11）。

在手机操作系统方面，Android依旧以八成左右的关注度独占鳌头。苹果iOS以10%左右的关注度位列第二。Windows Phone系

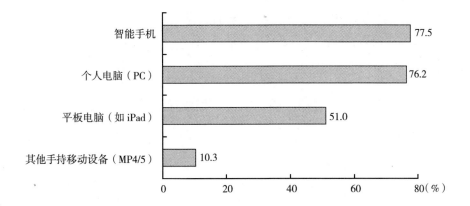

图11　2013 年用户观看视频经常使用设备的使用占比

资料来源：缔元信《2013 移动视频用户调研报告》，2013。

统的关注度尽管增长缓慢，但也已经表现出成为智能操作系统第三极力量的苗头，操作系统三足鼎立格局初现。智能手机尤其是Android 智能手机市场的竞争在不断加剧和升级，从目前的竞争来看，重点依旧集中在配置和价格方面。5.0 英寸以上大屏幕、四核甚至八核处理器、1300 万及以上像素摄像头成为智能手机厂商重点比拼的参数，同时用户对这些参数的关注度也呈直线上升的态势。用互联网的思维做手机，在 2013 年的中国手机市场上可谓非常盛行，这在华为、联想等品牌身上表现得尤为突出。通过互联网做手机、通过互联网营销手机，将是未来传统手机企业与互联网手机企业竞争最激烈的地方。

ZDC 互联网消费调研中心的统计数据显示，2013 年中国手机市场上参与竞争的品牌数量达到 117 个。从品牌关注格局来看，用户关注较为集中，仅前 15 个品牌就累计占据九成以上的关注度。其中，三星以 22.0% 的关注度高居榜首，苹果以 10.1% 的关注度位列第二，其他品牌的关注度均在 10% 以下。整体来看，前三甲位置被国际品牌牢牢占据。前 15 个品牌中，国产品牌占据 9 个席位。2013 年手机市场的竞争进一步加剧，最受用户关注的 15 个品牌排名大范围变化。15 个品牌中共有 13 个品牌排名波动，前三甲中苹果取代 HTC 位居亚军。国产品牌中的联想则跻身前五，华为、小米、OPPO、酷派、Vivo 品牌的排名较上年均出现不同幅度的提升。HTC、索尼移动、中兴、摩托罗拉、魅族、LG 品牌的排名则均出现下滑（见表2）。

表2　2012～2013 年中国手机市场品牌关注度对比

单位：%

排名	2012 年		2013 年	
	品牌	关注度	品牌	关注度
1	三星	21.0	三星	22.0
2	HTC	13.1	苹果	10.1
3	诺基亚	10.7	诺基亚	8.3
4	苹果	8.2	联想	7.8
5	摩托罗拉	8.1	HTC	6.1
6	索尼移动	6.5	华为	5.5
7	联想	5.3	索尼移动	4.8
8	华为	3.9	小米	3.8
9	小米	3.1	OPPO	3.7
10	中兴	2.7	酷派	3.5
11	魅族	2.4	中兴	3.4
12	酷派	2.3	摩托罗拉	3.3
13	LG	2.2	Vivo	3.1
14	OPPO	1.9	魅族	3.0
15	Vivo	1.6	LG	2.8
—	其他	7.0	其他	8.8

资料来源：ZDC 互联网消费调研中心《2013～2014 年中国手机市场研究年度报告》，2014。

从产品来看，2013 年，苹果 iPhone 5（16GB）以 3.4%的关注度成为最受用户关注的机型，且拥有较大的领先优势。三星GALAXY S4（I9500/16GB/单卡版）以 2.2%的关注度排在第二位。整体来看，苹果最新的 4 代产品的 4 款机型均入围榜单，成为上榜产品数量最多的品牌。三星有两款机型上榜，诺基亚、魅族、OPPO、索尼移动也均有 1 款产品上榜（见图 12）。

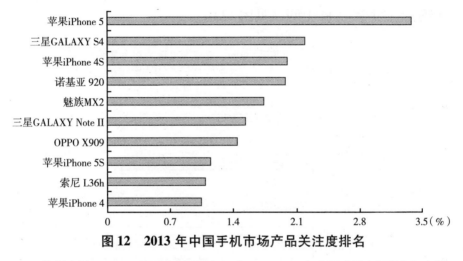

图 12　2013 年中国手机市场产品关注度排名

资料来源：ZDC 互联网消费调研中心《2013～2014 年中国手机市场研究年度报告》，2014。

使用 2G 和 3G 网络最多的移动终端是智能手机（占比近 59%），有 23%的平板电脑使用 2G 和 3G 网络上网，而仅有 18%的笔记本电脑使用 2G 和 3G 网络上网。相比之下，无线局域网（Wi-Fi）是各种设备上网的首选。对于智能手机用户来说，有 69%的用户会选择使用家中、学校或工作场所的 Wi-Fi 上网，这个比例高过使用 2G、3G、4G 手机网络上网的智能手机用户。此外，有 43%的智能手机用户会选择使用公共 Wi-Fi 上网（如餐厅、机场、车站等地的 Wi-

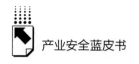

Fi）。在平板电脑方面，使用 Wi‐Fi 上网的用户数量占有绝对的优势：有 75% 的用户选择使用家中、学校或工作场所的 Wi‐Fi 上网；有 38% 的用户选择使用公共 Wi‐Fi 上网；前两个数字均高于使用 2G、3G、4G 手机网络上网的用户比例（23%）。对于笔记本电脑用户来说，有 63% 的用户选择使用家中、学校或工作场所的 Wi‐Fi 上网；有 52% 的用户选择拨号上网或使用固定宽带；而有 27% 的用户选择使用公共 Wi‐Fi 上网（见图 13）。

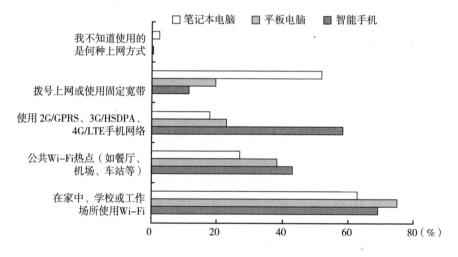

图13　2013 年中国移动设备上网方式

资料来源：德勤《2013 德勤中国移动终端消费者行为调查》，2014。

（五）用户规模增长情况

2013 年中国网民规模增长空间有限，使用手机登录互联网仍然是网民规模不断扩大的主要动力。截至 2013 年 12 月，我国网民规模达 6.18 亿人，全年共计新增网民 5358 万人。互联网普及率为 45.8%，较 2012 年底提升了 3.7 个百分点，普及率增长幅度与 2012 年基本一致，整体网民规模增速持续放缓（见图14）。与此同时，手机网民继续保持良好的增长态势，规模达到5亿人，年增长率为19.1%，手机继续保持第一大上网终端的地位。而新网民中较高的手机上网比例也说明了手机在网民规模扩大中的促进作用。2013年中国新增网民中使用手机上网的比例高达73.3%，远高于使用其他设备上网的网民比例，手机依然是中国网民增长的主要驱动力（见图15）。

图14　2005～2013年中国网民规模与互联网普及率

资料来源：CNNIC《中国互联网络发展状况统计调查》，2014。

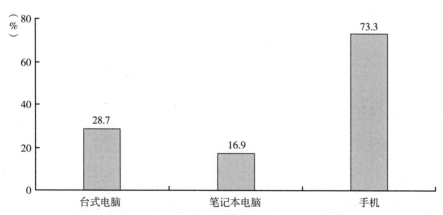

图15　2013年中国新增网民上网使用设备情况

资料来源：CNNIC《中国互联网络发展状况统计调查》，2014。

随着互联网的普及，中国互联网的发展主题已经从"普及率提升"转换到"使用程度加深"，而近几年的政策和环境变化也对互联网使用程度的深化提供了有力保障：首先，国家政策大力支持，2013年国务院发布《国务院关于促进信息消费扩大内需的若干意见》，明确了互联网在整体经济社会中的地位；其次，互联网与传统经济结合得愈加紧密，互联网在购物、物流、支付乃至金融等方面均有广泛应用；最后，互联网应用塑造了全新的社会生活形态，对人们日常生活中的衣食住行均有较大改变。

截至2013年12月，我国手机网民规模达5亿人，较2012年底增加了8009万人，网民中使用手机上网的人群占比由2012年底的74.5%提升至81.0%，手机网民规模继续保持稳定增长（见图16）。手机网民规模的持续增长，一方面得益于3G的普及、无线网络的发展和智能手机价格的持续走低，这些因素为手机上网奠定了较好的使用基础，促进了网民对各类手机应用的使用，尤其为网

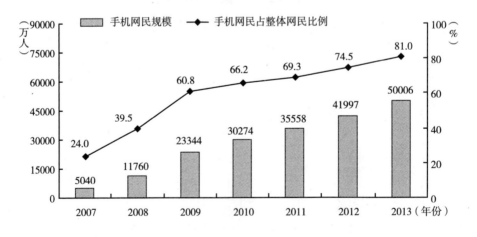

图16 2007~2013年中国手机网民规模

资料来源：CNNIC《中国互联网络发展状况统计调查》，2014。

络接入、终端获取受限的人群提供了接入互联网的可能性。根据工信部公布的数据，2013 年 1 月至 10 月，我国智能手机出货量达到 3. 48 亿部，销量保持快速增长；2013 年 11 月，3G 移动电话用户达 3. 86 亿户，较上年同期增长 1. 54 亿户。手机网民规模持续增长另一方面得益于手机应用服务的多样性和深入性，尤其是在新型即时通信工具和生活类应用的推动下，手机上网对日常生活的渗透进一步加大，在满足网民多元化生活需求的同时增强了手机网民的上网黏性。

根据缔元信对中国移动视频使用者的调查，在我国移动视频用户中，39. 1% 的用户每天观看视频的时长在 5 小时以上，观看时长达 1~2 小时和 2~3 小时的用户占比分别为 16. 1% 和 15. 3% （见图 17a）。在观看视频最常使用的设备中，移动设备（智能手机和平板电脑）几乎占据半壁江山，占比合计为 47. 8%，已接近 PC 的使用量（见图 17b）。而在使用移动设备观看视频的用户中，22. 5% 的用户每天使用移动设备观看视频的时长在 5 小时以上，重度用户渐成主流，时长达 1~2 小时和 3~4 小时的用户占比分别为 21. 4% 和 16. 7% （见图 17c）。因此可以看出，使用移动设备观看电视逐渐成为视频用户的主流。

影视门户爱奇艺自上线以来，一直坚持"悦享品质"的理念，力求为用户提供清晰、流畅的观影体验，移动客户端总下载量也突破 2 亿次。创立于 2006 年的优酷网是中国领先的视频分享网站，在 2013 年 3 月获得三大风投入资近百亿元，其移动客户端同样受到用户欢迎，下载量达 19131 万次。在 PC 端依靠强大搜索市场进军视频市场的百度，于 2011 年上线百度影音。但是在移动端市场，其表现似乎并没有在 PC 端那么强劲，下载量仅为 7242 万次。腾讯视频定位于中国最大的在线视频媒体平台，24 小时多平台无缝应用。其移动客户端更是优势多多，支持离线下载、记录播放等，频道内容丰富多彩，给予用户较好的体验，其移动客户端下载量达 2453 万次（见表 3）。

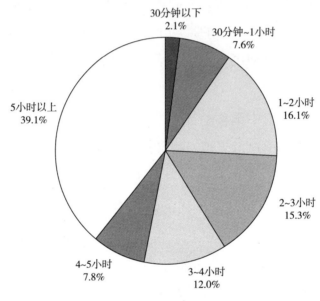

a 平均每天看视频不同时长的用户占比

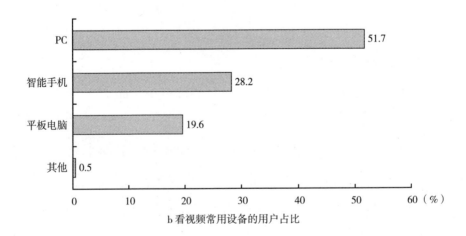

b 看视频常用设备的用户占比

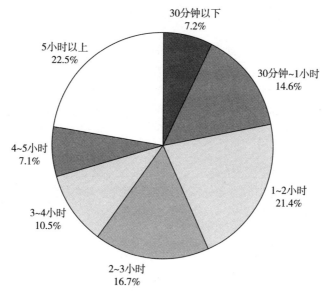

c 平均每天用移动设备看视频不同时长的用户占比

图 17　2013 年中国用户使用移动设备看视频的情况

资料来源：缔元信《2013 中国移动视频用户调研报告》，2013。

表 3　2013 年中国各大移动视频客户端下载排行榜

单位：万次

应用	下载量						
	豌豆荚	360 手机助手	91 手机助手	安卓市场	应用汇	总下载量	
爱奇艺视频	1416	4255	3875	9531	1239	20316	A
优酷	1400	4766	2836	9208	921	19131	A
PPS 影音	911	4216	2951	3637	934	12649	B
PPTV	1211	3785	2776	3678	549	11999	B
暴风影音	2254	4268	1383	2766	803	11474	B
搜狐视频	297	1374	1658	5371	174	8874	
百度视频	754	1234	1200	3827	227	7242	

续表

应用	下载量						
	豌豆荚	360 手机助手	91 手机助手	安卓市场	应用汇	总下载量	
土豆	635	486	279	2629	203	4232	
乐视影视	309	963	425	931	222	2850	
腾讯视频	316	689	403	806	239	2453	C
QQ 影音	564	529	238	627	203	2161	
风行电影	164	829	320	383	63	1759	
迅雷看看	321	417	209	318	161	1426	

注：表3汇集了主要手机应用商店下载数据，列示了各大移动视频客户端下载排行榜。表3将下载情况分成3个区域，分别是下载量在2亿次左右的A区，下载量在1亿次左右的B区和下载量在千万次以上的C区。

资料来源：速途研究院《2013移动端视频市场分析报告》，2013。

2013年11月，在线视频PC端网页与PC客户端的月度覆盖人数分别为4.56亿人次和3.42亿人次，环比分别增长1.6%和6.7%，整体来看，PC端在线视频的用户规模已经趋于稳定，保持平稳态势（见图18）。

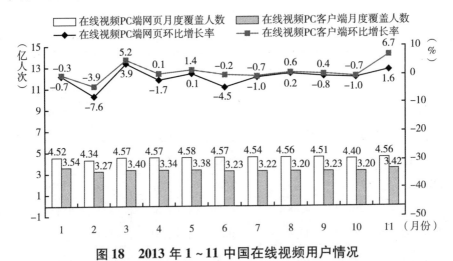

图18　2013年1~11中国在线视频用户情况

资料来源：艾瑞咨询《2013第四季度中国在线视频行业季度监测报告》，2014。

从目前"三网融合"的进程来看,电信系更占优势,IPTV 是电信系进入视频领域的重要战略,电信系网络运营商在现有网络上开展 IPTV 视频业务也非常顺利。我国拥有 4 亿多电视用户,网络用户近 2 亿人,宽带网络用户为 IPTV 的潜在客户,"三网融合"的第一阶段(2010～2012 年)已经收官,现已迈入推广阶段(2013～2015 年),第二批 54 个试点城市包括全国大部分重要城市,覆盖人口超过 3 亿人。在运营商、视频网站、广电总局等各利益方的参与下,我国 IPTV 用户数已从 2009 年的 470 万户,发展到 2013 年底的 3400 万户(见图 19),成为全球 IPTV 用户最多的国家,并且仍有 40%～50% 的增长空间。

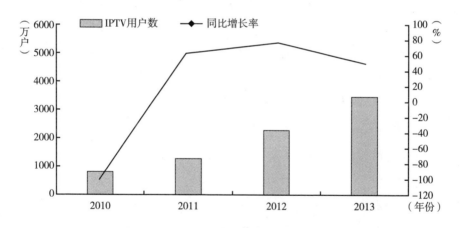

图 19　2010～2013 年中国 IPTV 用户规模

资料来源:艾瑞咨询《2013 年 IPTV 行业分析报告》,2013。

2013 年 CCTV 移动传媒已经覆盖全国 22 个重点一线城市、40000 辆公交车、80000 个液晶播放移动终端,每周深入影响全国主流消费者近 4 亿人次(见表 4、图 20)。

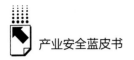

表4 2013年CCTV移动电视覆盖用户规模

单位：人次

城 市	日平均覆盖	周总覆盖
北 京	9711187	67978310
上 海	5118343	35828402
杭 州	4227786	29594500
广 州	3915559	27408916
成 都	3121853	21852970
西 安	2990561	20933926
青 岛	2910006	20370040
昆 明	2690666	18834662
天 津	2375830	16630811
武 汉	2345806	16420643
东 莞	2231474	15620321
哈尔滨	2032327	14226287
兰 州	2018150	14127048
深 圳	2018087	14126607
南 昌	1898102	13286712
郑 州	1690635	11834444
南 京	1221470	8550291
大 连	1007376	7051635
西 宁	884739	6193175
沈 阳	840998	5886987
桂 林	809225	5664572
海 口	768578	5380047
全国汇总	56828758	397801307

资料来源：CTR《2014年CCTV移动电视媒体推介报告》，2014。

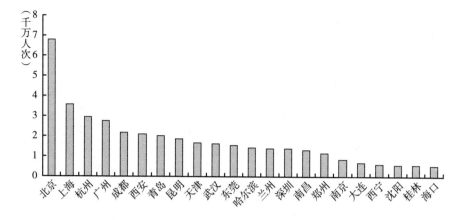

图20　2013年CCTV移动电视周总覆盖用户规模

资料来源：CTR《2014年CCTV移动电视媒体推介报告》，2014。

三　2013~2014年新媒体产业安全存在的问题

（一）新媒体产业发展不平衡

以报纸为例，国内报纸的移动化水平依然存在地区上的高度不平衡，总体呈现出由沿海向内地递减、重点城市遥遥领先的态势。但在过去的一段时期，中部地区在媒体移动化上的努力仍然值得肯定。中国报业移动化未来发展的方向就是让"由沿海向内地递减"变为"以沿海带动内地、影响内地，两地共同发展、相得益彰"，使中国报业移动化水平不断提高，移动化范围不断拓展。从地区分布来看，报纸媒体传播百强位于全国20个省、自治区、直辖市（不包括港、澳、台地区），主要集中在中东部地区。我国地区媒体的发达程度和经济水平呈正相关性，经济发达、人口集中的大城

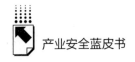

市也是大众传媒的活跃之地，报纸的移动化水平也与此保持一致。京、粤、浙、辽四地在移动传播水平方面保持领先优势，占据报纸移动传播百强中的53%，其中，北京24家，广东15家，浙江、辽宁各7家。北京作为首都具有天然的地缘优势，是大量央媒本部所在地，人民系、新华系等央媒报纸在移动传播评比中一直位居前列。广东作为改革开放的前沿阵地，传媒国际化程度较高，新媒体意识较强。南方系报纸在媒体移动化方面也走在全国前列。京粤两地报纸移动化水平远远领先于其他省份。2013年中国报纸移动传播百强地区分区见图21。

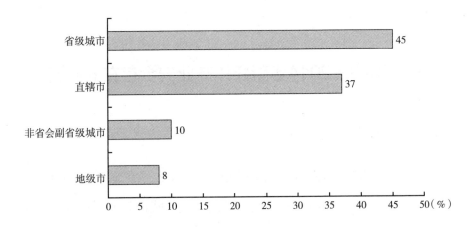

图21 2013年中国报纸移动传播百强地区分布

资料来源：人民网研究院、武汉大学互联网科学研究中心《中国媒体移动传播指数报告》，2014。

从杂志移动传播百强的地区分布来看，杂志媒体地域集中化程度比报纸更高，只涉及16个省份，占全国省份总数的一半左右。82%位于北、上、广等政治、经济、文化中心城市。移动传播百强杂志社中，北京有54家，占比为54%；而云南、湖南、浙江等9

个省份均只有 1 家上榜。这也显示出我国杂志移动化转型的地区间差距。与报纸媒体不同的是,杂志媒体的移动化程度同地区经济发展水平不总是呈正相关关系。以东部沿海省份江苏、浙江为例,尽管以上两个省份在《"十二五"中期中国省域经济综合竞争力发展报告》中分别居第一位和第三位,但是其省内杂志媒体移动化水平不高;与此同时,四川、云南、宁夏等省在杂志媒体移动化方面却有不俗的表现。

微博、微信是兼具传媒性与社交性的移动互联网传播平台,对于媒体而言是传递信息、吸引受众以及与网友进行互动的便捷的平台,电视媒体进军移动互联网同样无法回避这两个重要阵地。如今,入驻"双微"平台已成为电视频道移动传播的标配。其中,央视及省级卫视微博开通率为 97.8%,微信开通率为 91.3%(见图 22),其中包括少数以电视台为认证信息而不属于独立的卫视频道的微博、微信。在这样的大环境下,开微博、做微信已成为共识,而如何更好地利用"双微"平台服务观众才是进一步发展的关键所在。微博、微信应当走出粉丝之争的阶段,真正踏上提供服务的道路。例如,媒体可在微信平台上开通微社区,目前仅湖南卫视、山东卫视等少数几家频道开通了微社区。数据显示,46 家电视频道中仅 15 家开通了腾讯微视,且提供的视频质量大多不尽如人意,这或许与微视 8 秒视频的时长过短,无法满足电视节目全面呈现的需求有关。其实,微视平台可以作为节目预告平台,同时也可提供在电视节目中未经播出的花絮和"彩蛋"。

从省域分布上来看,广播频道移动传播百强涉及 24 个省、自

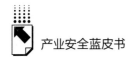

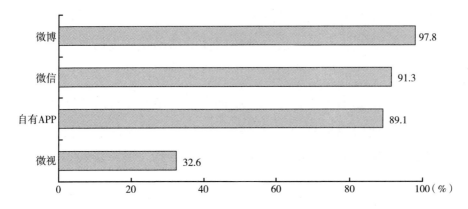

图22　2013年央视及省级电视频道移动传播平台开通情况

资料来源：人民网研究院、武汉大学互联网科学研究中心《中国媒体移动传播指数报告》，2014。

治区、直辖市（不包括港、澳、台地区），集中于东中部地区。其中，北京有15个（含国家级广播电台），广东11个，山东、江苏各10个。东部与西部广播移动化差距较大，沿海城市移动化程度较高。从城市分布上来看，百强广播频道中省会城市的占比最大，为58%（见图23）。其中，广州、郑州、南京的数量较多，分别为8个、6个、5个。此外，有5个广播频道位于新疆维吾尔自治区首府乌鲁木齐和广西壮族自治区首府南宁。4个直辖市共有23个广播频道进入移动传播百强。其中，北京最多，为15个，同时北京也是所有城市中拥有百强广播频道最多的城市。这当然与国家级广播电台位居此地有关，北京的15家百强广播频道具体分属情况如下：中国国际广播电台3个、中央人民广播电台6个、北京人民广播电台6个。副省级市中，青岛拥有百强广播频道数最多，为4个。拥有百强广播频道的10个地级市中，中山、无锡、苏州各有两个。

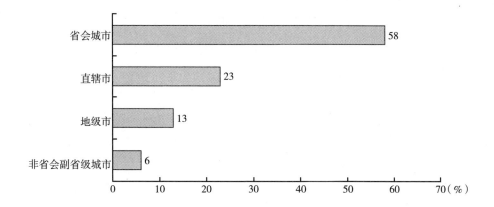

图 23　2013 年广播频道移动传播百强地区分布

资料来源：人民网研究院、武汉大学互联网科学研究中心《中国媒体移动传播指数报告》，2014。

（二）新媒体产业产品同质化严重

微博加深了报刊媒体与读者之间的交流互动，有利于媒体及时获得新闻线索和反馈信息，增强用户黏度，对报刊媒体的移动化转型有着举足轻重的作用。从目前的情况来看，微博属于媒体运营较为成熟的平台，入围百强榜单的报纸均开通有新浪微博或腾讯微博。以《人民日报》为例，其观点新颖、评论到位，且极具亲和力，受欢迎程度较高。都市生活类报纸也纷纷通过微博与受众互动，微博平台也成为其新闻来源之一。

但在微博开通形势一片大好的情况下，各家媒体微博运营的成熟度与内容质量却参差不齐。报纸微博同质化现象较为普遍，给受众传递了过多冗余且深度不足的信息。建议报纸官方微博建立"半小时快评"机制，在新闻发生后及时安排本报评论员或邀请微博意见达人撰写短小精悍的新闻快评，发布于微博上。避开第一轮

抢发同质、简单新闻信息的高峰，而采用"错峰时间"策略，发布更具深度和内涵的评论性信息。需要注意的是，"半小时快评"机制同样需要把握新闻的时效性，是"快"与"深"的结合。

（三）新媒体产业移动传播的特性得到彰显

依托原期刊品牌建立起来的本土传媒集团，如知音、读者、家庭等传媒集团，与时尚、财讯等有跨国基因的传媒公司相比，新媒体意识和移动化水平明显偏低。例如，知音集团旗下仅有《知音》1家杂志表现不错，但总体排名并不靠前；而时尚传媒集团旗下的几家杂志均有不俗表现。在移动化领域，本土传媒集团应加强媒体移动化战略，重视微博、微信营销手段，加强与读者的互动，方便读者直接投稿；打造精品APP，实现杂志数字化、多媒体化、虚拟化，从而增强用户体验；采用移动支付等手段，方便用户订阅，从而在移动终端上与外资传媒集团一较高下。本土杂志必须在新一轮的移动化转型中快速觉醒，奋起直追。

大众消费类杂志的移动化走在前列，而IT类、医学类、体育类等专业期刊只有个别进入移动传播百强。事实上，专业类杂志适合研发自有APP，以满足特定读者群体的专业化、个性化需求。

中央电视台15个频道的移动化水平参差不齐，整体呈现"两头大、中间小"的发展态势。这其中不乏可以作为典型榜样的优秀移动平台，如央视自有APP"央视新闻""央视影音"，以及微信平台"央视财经"，它们对提高中央电视台的移动传播指数大有裨益。

与此相对的是，几家针对特定受众的专业性频道的移动化水平则相对较低,甚至有些频道没有开通微博、微信。事实上,在电视频道普遍入驻多个移动平台且受到较高关注的同时,缺席某一移动平台会严重削弱自身的移动传播效果。

对于央视而言,其未来可以以强势频道带动其他频道。目前落后的平台可积极利用强势频道已有的受众基础和央视强大的人才宝库、技术支持,将传播扩展到每一个具有高价值的移动平台,依据不同平台的特点提供不同形式的高质量节目和信息,从而提高央视整体的移动化传播水平。2013 年"中国电视频道移动传播百强榜"央视频道排名见表 5。

表 5　2013 年"中国电视频道移动传播百强榜"央视频道排名

央视频道	排名	央视频道	排名
中央电视台新闻频道	1	中央电视台电影频道	20
中央电视台财经频道	3	中央电视台社会与法频道	24
中央电视台纪录频道	6	中央电视台中文国际频道	34
中央电视台音乐频道	8	中央电视台科教频道	35
中央电视台体育频道	10	中央电视台军事农业频道	36
中央电视台综合频道	12	中央电视台戏曲频道	37
中央电视台综艺频道	15	中央电视台少儿频道	39
中央电视台电视剧频道	16		

(四)新媒体产业立法滞后

随着我国网民数量的增加,社会生活、个人生活、经济生活已经快速进入网络时代、数字化时代。而与此形成强烈反差的则是中国网络立法的严重滞后。在网络立法方面,我国目前只有一部

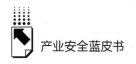

《电子签名法》和包括《政府信息公开条例》在内的不到 10 部行政法规。改革开放以来我国制定了大量的法律和行政法规，但涉及互联网管理的法律法规只占 1.5% 左右。

网络成为日益重要的信息通道，网络的"弥散性"为民意的表达和传播提供了极佳的技术手段。但利弊往往是相随的，网络自然也有其弊端，因而需要管理；但过分的管理又可能伤及网络自由。2012 年 12 月 28 日第十一届全国人民代表大会常务委员会第三十次会议通过了《全国人民代表大会常务委员会关于加强网络信息保护的决定》，再次引发了人们对网络自由的关注。

法律法规缺失导致的直接后果是网络上一系列问题陷入无法规制的状态，如近些年广受关注的个人信息保护问题。我国的个人信息现在处于严重被滥用的状况，而导致这一现象的最主要原因就是法律上没有对个人信息保护给予明确的具有可操作性的规定。此外，还有让人头疼的垃圾信息，严重影响了人们的正常生活；各种网络诈骗、网络犯罪层出不穷，网络秩序受到严重挑战。中国网络立法滞后主要有两方面的原因，客观原因是与发达国家相比，中国进入互联网时代要稍落后几年，有一个滞后效应；主观原因则是对网络立法的重要性和必要性认识不足。加强网络立法的意义有以下几个方面。第一，可以为公民在网络上行使自己的权利、保护自己的合法利益提供法律基础。第二，有利于政府机关依法管理网络。以往政府机关多通过行政手段管理互联网，而中共十八大报告提出要"推进网络依法规范有序运行"，特别强调"依法"管理。通过明确的规则和法律程序，将管理网络的行为纳入法制轨道，有利于规范网络秩序，提高政府管理网络的效率。第三，加强网络立法对于互联网企业的发展也有积极作用。近几年互联网上假冒伪劣产品层出不穷，无序竞争接连不断。假冒商品问题、搜索引擎竞价排名问题、3Q 大战、3D 大战等使互联网发展面临竞争秩序上的严重挑战。传统法律在用于互联网时面临许多障碍。网络立法，可以为互联网企业之间的竞争提供明确的行为规范，使网络竞争在依法依规的前提下良性开展，有利于保护企业的合法经营和合法利益。由于缺少网络管理法律法规，近些年个人信息滥用和垃圾邮件泛滥已经成为严重的社会问题，直接影响到我国的国际形象和互联网企业的声誉。因此，通过立法提升网络信息保护水平，有利于提升我国政府在国际上的形象，也有利于推动中国互联网企业"走出去"。

B.2

中国移动媒体产业安全现状

肖 丽 王卓宇*

摘 要： 近年来，我国移动媒体产业发展迅速，移动媒体
以其动态性、多样性、个性化的优势获得社会大众的
青睐。总体来说，移动媒体具有移动性、互动性、多
媒体融合、个性化等特点；具体来说，在传播效果
上，具有效果好、速度快、范围广的特点，在传播方
式上，具有精准传播、人际个性化传播等特点。移动
媒体产业化的发展，首先基于移动媒体本身的兴起和

* 肖丽，北京印刷学院文化产业安全研究院讲师；王卓宇，法学博士，北京交通大学中国产业
安全研究中心讲师，主要研究领域为国际关系、国际传播。

普及，其次有赖于技术进步的助推。

就我国移动媒体产业安全的总体状况而言，第一，通信网络升级有助于移动媒体产业的技术安全；第二，移动用户规模持续增长有助于移动媒体产业的发展安全；第三，平板电脑国产品牌市场竞争力增强有助于新媒体产业安全水平提升；第四，移动电视媒体收视率提高有助于新媒体产业的内容安全。第五，广告商青睐移动电视有助于移动媒体产业的形式安全。第六，手机媒体产业发展有助于新媒体产业的发展安全。第七，法律和法规的制定有助于新媒体产业的内容安全。

关键词：　移动媒体　手机媒体　产业安全

一　移动媒体及移动媒体产业安全

移动媒体是近几年出现的一个新词，而对于移动媒体的概念，当前并没有一个统一的定论。从字面意思来看，媒体是指交流、传播信息的工具和媒介；移动是相对于固定而言的。移动媒体，也被称为移动新媒体，是对所有具有移动便携特性的新兴媒体的总称，包括平板电脑、掌上电脑、移动试听设备、移动电视电子屏等。随着信息技术的发展，移动媒体往往融合了数字技术和通信网络，通过通信网络来实现各种平台软件、文字、图片、

视频等信息形式的运行，以及处理个人信息等平台的运用。

随着移动互联网的繁荣发展，传统媒体已经感受到了这股新潮流所带来的冲击以及变革所带来的威力。传统的信息媒介的传播方式已经远远不能满足人们的需求。具有传统的接打电话、发送短信功能的手机已经逐渐被智能手机所取代，平板电脑、电子书、上网本流行并风靡，微博、微信、易信等网络沟通方式受到人们的青睐，移动电视遍布于公交场站、列车车站等。这些都昭示着移动媒体在人们生活中的地位日益提高。尤其是在当今社会快节奏的工作与生活中，人们已经习惯了利用移动媒体来获取每天的新闻报道、商业数据、天气预报等与工作和生活相关的信息，以及收发与处理邮件等。而广播、电视、报纸等传统媒体面临的挑战日益严峻。

（一）移动媒体的特征

与传统媒体相比，移动媒体主要具有以下优势。

1. 移动媒体是一种动态媒体，不受时间和空间的限制

一般情况下，报纸、杂志、电视等需要在特定的时间、空间进行阅读或者观看，形式也不够灵活。以报纸、杂志为例，报纸和杂志不便于携带，人们更多的时候是在办公室或家中进行阅读，专业类的报纸和杂志多针对特定人群，而综合类的报纸和杂志往往信息比较多，读者选择起来不够方便。移动媒体则不同，手机、平板电脑等可以随身携带，人们可以随时随地进行信息接收，可以在公交、地铁、火车、上班途中、上学路上等任何地点和时刻，及时且有针对性地获得自己所需要的信息，所以更加方便、快捷，不受时间和空间的限制。

2. 移动媒体表现形式多样化，传播速度快

与传统的报纸、杂志等以纸质媒介表现出来的形式不同，移动媒体的表现形式更加多样化，信息的传播可以通过文字、声音、视频等多种生动、形象、直观的方式表现出来，并且易于储存，方便阅读，任何时候，只要人们需要，都可以重复阅读、收听。同时，得益于网络的覆盖，人们还可以通过移动媒体与他人进行互动，表达自己的观点，与信息发布者和更多的信息接受者进行交流，因此，这种一对多的模式也将信息更加迅速地传播出去。

3. 移动媒体个性化色彩明显，可以根据个人需要进行私人订制

传统媒体需要考虑大多数人的阅读需求，在内容设计上会为了迎合大多数人的需求而截取有价值的、比较全面的信息，因此往往个性化不足。移动媒体在这一点上更具优势，它可以根据个人的阅读习惯和偏好选择要阅读和接受的信息，有些信息甚至可以私人订制，比如订制手机报，每天定时接受财经类信息；下载某些财经类网站的手机客户端，选择接受财经类信息，忽略其他体育、健康类等不感兴趣的信息等。这些方式可以满足人们每天工作对信息的需求，个性化更加明显，给人们获取信息带来了更多方便，受到年轻人的好评。

（二）移动媒体产业安全

根据李孟刚的观点，产业安全是指特定行为体自主产业的生存和发展不受威胁的状态。对于移动媒体而言，结合其实质与新特征，移动媒体产业安全可以从以下几个方面分析。

首先，移动媒体产业安全首先是内容安全。无论对于传统媒

体，还是当今包括移动媒体在内的新媒体来说，内容仍然是产业安全与产业发展至关重要的一环，内容安全是移动媒体产业安全的重要部分。

其次，移动媒体产业安全要重视形式安全。形式即移动媒体的传播形式，形式安全要保证传播内容的原本性，保证传播内容不被恶意篡改、扩散等。

再次，移动媒体产业安全要注重技术安全。移动媒体主要是借助数字技术、通信网络等高新技术和媒介，改变了传统媒体的传播方式和扩散形式，技术安全渗透进移动媒体产业安全的各个环节，对内容安全和形式安全起着重要的保证作用。尤其是当今信息化的发展对技术安全提出了更高的要求。

最后，移动媒体版权安全需要更多关注。当今数字技术时代给移动媒体产业发展带来了新的契机，同时也带来了新的挑战，移动媒体内容数字化挑战版权的专有性，媒体形式多样化使得用户身份多样化，用户身份多样化又导致版权难以控制，互联网传播的无限性也对版权保护的有限性提出了挑战。

移动媒体产业安全构成见图1。

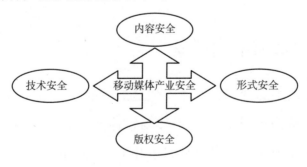

图1　移动媒体产业安全

二 移动媒体产业化的基础

（一）移动媒体的兴起

传媒产业的发展与技术的进步密不可分，回顾历史，每一次传媒业的大发展都是紧随着技术突破实现的。在高速发展的现代网络和通信技术的驱动下，手机突破了以往作为单一移动通信终端的功能，正在向立体化、多层次、可移动、结合视音频的新型多功能媒体方向发展。

手机作为个人移动通信终端，在技术进步的引领之下，功能不断拓展，由最初的语音通话功能，到现代结合互联网、数字技术等的多元融合发展，成为集图文、影像视频、声音等多种数据传播功能于一体的载体，并具有可移动、快速、互动性强的特点，由此带动了移动媒体的发展，并在传媒领域引领着新的革命。

移动媒体的崛起，涉及手机微博、手机搜索、手机电视、手机报刊等，通过将新型媒介与广播、影视、互联网以及平面媒体相结合，不断推动着媒体行业推陈出新，对中国媒体产业产生了极大的影响。尽管移动媒体一开始并不被看好，但在经过一段时间的迅猛发展之后，它逐渐被视为"第五媒体"和"新媒体"，成为继报纸、广播、电视、网络之后的又一新型媒介，推动着媒体行业的革新。

在我国，移动媒体这一概念的出现，是由实践催生的。最初，移动运营商基于手机传播信息，手机也被认为是媒体。其后，在通

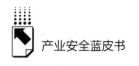

信和传媒业后续研究的推动下，移动媒体的概念得以不断完善。

中国人民大学新闻学院的匡文波教授在 2003 年界定移动媒体是"通过手机进行信息传播的工具"，在随后进一步的研究中，移动媒体被认为是依托手机这一载体和手机上网这一平台的大众信息传播媒介。[①]

移动媒体具有移动性、互动性、多媒体融合、个性化等特点。在传播效果方面，其具有效果好、速度快、范围广的特点；在传播方式方面，其具有精准传播、人际个性化传播等特点。与以往的传播方式相比，移动媒体实现的突破主要集中在以下几个方面。首先，传播渠道系统化。在传统传播模式中，信息的传播是沿单一方向扩散的，而在移动媒体的传播模式中，信息是以立体多元网状结构模式扩散的。其次，传播主体隐性化。在移动媒体中，传播主体具有"去中心化"的特点，这也是对传统媒体传播主体身份的颠覆。与此同时，传播主体隐性化也为传统媒体把关带来了难题。再次，与传统媒体相比，移动媒体具有传播个性化和小众化的特点。最后，在传播效果方面，借助人际传播和大众传播，移动媒体传播效果更好。

（二）移动媒体的普及

移动媒体正在成为人们生活中不可缺少的获取资讯、社交、娱乐等服务和信息的媒介手段。随着媒介融合趋势的不断强化，在庞大的市场需求和用户群体的推动下，移动媒体的类型增多，涵盖了

---

① 匡文波：《手机媒体——新媒体中的新革命》，华夏出版社，2010。

从手机报到手机动漫、影视、游戏、搜索等在内的数十种服务。不仅如此，从目前的发展趋势来看，随着手机用户的进一步增多、移动媒体覆盖面的进一步扩张以及政策倾斜，移动媒体还将保持其强劲的发展势头。

移动媒体涵盖的内容，目前已经包括时政新闻、财经、科技、教育、体育、健康、娱乐、时尚、旅游等方面。而几乎全国各地的地方报社也都开办了相应的手机报。三大运营商（中国移动、中国联通、中国电信）也改变了以往联合各地方报纸杂志等媒体的做法，开始"开通全网运营的手机报和手机杂志"。

手机电视与手机广播发展迅速。手机视频类媒体，如手机影视、手机动漫，以及广播类媒体发展较快。手机用户可以收看众多的手机电视节目、电影和各类型的视频短片等。而城市手机广播电台的开通，也为广大用户提供了交通和娱乐信息，受到广泛关注。

手机搜索已成为网络媒体、移动运营商、搜索引擎厂商共同关注的领域。得益于 3G 技术的发展，目前国内已有近百家手机搜索引擎。据统计，截至 2014 年 6 月，我国手机搜索用户规模超过 4 亿户，网民使用率为 77.0%（见表 1）。另有统计数据显示，有一半以上的用户每天至少会使用手机搜索 2 次。

（三）技术的进步推动了移动媒体的产业化

1. 智能手机的普及为移动媒体的发展提供了必要的载体

手机技术的发展有一个明显的趋势，就是不断朝多功能、低价格的方向发展。技术的发展已经使得手机不再是一个单纯的移动通话工具，而成为可以通话的掌上迷你电脑。

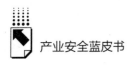
表1　2013 年 6 月～2014 年 6 月中国手机网民规模与
手机网络应用的使用率

应用	2014 年 6 月		2013 年 6 月		同比增长率（%）
	用户规模（万户）	网民使用率（%）	用户规模（万户）	网民使用率（%）	
手机即时通信	45921	87.1	39735	85.7	15.5
手机搜索	40583	77.0	32431	69.9	25.1
手机网络新闻	39087	74.2	31356	67.6	24.7
手机网络音乐	35462	67.3	24388	52.6	45.4
手机网络视频	29378	55.7	15961	34.4	84.1
手机网络游戏	25182	47.8	16128	34.8	56.0
手机网络文学	22211	42.1	20370	43.9	9.0
手机网络支付	20509	38.9	7911	17.1	459.2
手机网络购物	20499	38.9	7636	16.5	168.5
手机微博	18851	35.8	22951	49.5	-17.9
手机网上银行	18316	34.8	7236	15.6	153.1
手机邮件	14827	28.1	12641	27.3	17.3
手机社交网站	13387	25.4	19565	42.2	-31.6
手机团购	10220	19.4	3131	6.8	226.4
手机旅行预订	7537	14.3	3493	7.5	115.8

　　智能手机的处理器性能已由最初的单核发展到四核、八核，在短时间内取得了很大的突破。手机屏幕也越来越大，这一方面满足了用户使用手机时的多种需求，另一方面也使得手机与平板电脑之间的差别在本质上缩小了。除了大屏幕手机的盛行之外，手机的分辨率也越来越高，目前来看，1080P 可以说是主流配置的标准。

　　智能手机技术的发展及价格的下降，为移动媒体的发展提供了必要的载体。在手机市场中，智能手机的地位趋于稳固，成为主流，而传统的以打电话为主的功能手机在市场中所占比重急剧下降。2013 年 12 月 17 日，市场研究公司捷孚凯发布研究报告称，

2013年中国智能手机零售量将达3.5亿部，同比增长84%，在我国整体手机市场中所占份额达87%，在全球智能手机市场中所占份额达35%左右。在智能手机市场上，低端智能机向中小城市不断渗透，成为拉动市场需求的重要力量。

正是智能手机的普及，使得我国拥有了全球最大的手机网民群体，这也意味着中国移动媒体产业的发展拥有一个巨大的市场。2014年7月，中国互联网络信息中心（CNNIC）在京发布的第34次《中国互联网络发展状况统计报告》显示，截至2014年6月，我国手机用户规模达到5.27亿人，较2013年底增加了2699万人。在所有上网的网民中，利用台式电脑和笔记本电脑上网的网民比例有所下降，而利用手机上网的网民比例为83.4%，比2013年底上升了2.4个百分点。使用手机上网的比例首次超过了使用电脑上网的比例，手机作为第一上网终端设备的地位更加巩固。

2. 手机网络建设进步

随着4G，即第四代移动电话行动通信标准的推出，4G较3G技术在图像及视频传播方面更为优越的特点，以及在数据上传和下载方面的高速，还将进一步促进移动媒体的大发展。工业和信息化部在2013年12月4日颁发了4G牌照。4G将会引发智能手机新一轮的技术竞赛，全方位地推动手机市场的发展。在4G技术的引领下，"64位CPU、2K/4K高清屏幕、13MP高清摄像头，将逐步从高端配置走向主流市场"。[1] 4G技术的发展也促进了运营商获得4G

---

[1] 匡文波：《2013年手机媒体发展回顾》，http：//wwwviews. com/news/mobile_ internet/mobile_ media_ development_ review_ 2013/。

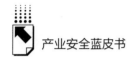
牌照。早在 2013 年底，中国工信部就向中国联通、中国移动和中国电信分别颁发了 4G 牌照，这三家运营商分别获得了 LTE 牌照。4G 牌照作为第四代移动通信技术的一种经营许可权，是国际互联网和无线通信等的结合。在中国，这一牌照只有工业和信息化部有资格向运营商发放。

对于新的技术——4G，研究人员认为，该技术代表了移动通信技术的前沿和趋势，代表着未来技术发展的方向，4G 代替 3G，是一种历史的必然。与传统的 2G、3G 技术相比较，4G 技术的优势在于速度更快，该技术拥有传统技术难以比拟的高速数据通信功能。在理论意义上，4G 技术所支持的下行网络宽带在 100M 到 150M 之间，这一数字是中国移动的第三代移动通信网 TD - SCDMA 的 35 倍，是中国联通第三代移动通信网 WCDMA 的 14 倍。

在相关行业人士看来，3G 时代所形成的中国电信、中国移动和中国联通三大运营商相互竞争的基本格局，在新技术时代，即 4G 时代，很有可能会被打破，从而演化出新的格局。当 4G 牌照发放时，中国移动、中国联通和中国电信在新一轮的竞争中又处在了同一起跑线上。相关领域专业人士认为，在 4G 市场驱动的新一轮竞争中，中国移动、中国联通和中国电信这三大运营商都在互相角逐，以寻求最好的市场和发展机会，力争取得发展先机。另外，对于中国电信行业及移动互联网领域而言，工信部发放 4G 牌照，也带动了新一轮的投资热潮，移动互联网领域很有可能在 4G 牌照的带领之下，出现一波新的创业热潮。然而，需要注意的是，对于普通的消费者而言，4G 牌照的发放并不意味着 4G 时代的真正到来。这是因为，4G 牌照从商用意义上的发牌，到大规模的普及，是一个逐渐发展、走向成熟的过程，在这一过程中可能还会出现新的需要解决的问题，如资费的下调、网络的深度覆盖等现实问题。

在中国移动、中国电信和中国联通的 4G 发展计划中，前两者都将保持较高的投资额度，后者也将会有超过百亿元的投资支出，2015 年三大运营商纷纷押宝 4G 网络建设，总投资近两千亿元。中国联通在 2013 年底宣布开启 4G 招标，并在其后的设备招标结果中，公布了中标企业，其中包括诺基亚通信、中兴、华为等企业。2015 年，中国联通将加快城乡 4G 网络覆盖，基站数量目标为 92 万个。2013 年底，在工信部发放 4G 牌照之后，中国移动就率先开启了 4G 商用进程。在中国移动所做的规划中，2013 年其在 4G 方面的投资约为 417 亿元人民币，而为了保持行业领先的势头，中国移动在 2014 年继续以大体相当规模的投资促进相关领域的发展。2015 年，中国移动计划资本开支为 1997 亿元，其中 4G 网络投资预算虽下降 10.4%，但仍达到 722 亿元，占比 36%。中国电信方面，自 2014 年 2 月 14 日宣布开启 4G 商用之后，便在同期开始了大规模的 4G 终端采购。中国电信在 2014 年用于 4G 网络建设的投资规模约达 450 亿元，除了建设 TD - LTE（我国自主 4G 网络技术和标准）网络外，中国电信还将建设 FDD - LTE（另一种 4G 网络技术和标准）网络。2015 年，中国电信 4G 基站建设目标为 46 万个，远多于 2014 年的 18 万个。中国电信 2015 年资本开支将达到 1078 亿元，较 2014 年增长 40%，其中 610 亿元用于 4G 网络建设。

另外，根据多家券商机构的分析，从 4G 投资中获益的首先是无线设备商，因为在三大运营商的投资中，有相当一部分资金是用来采购基站无线设备的，因此能够生产此类设备的厂商无疑将从中

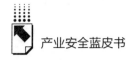

获利。除此之外，无线发射配套设备提供商也将获益。其次，光通信设备商也将从中获益。而最后获利的将是网络优化及增值服务厂商。总而言之，这些不同领域的厂商将在 4G 技术普及的过程中获得自身的发展动力和机会。

3. 手机操作系统不断完善

手机操作系统市场格局基本稳定，在 2013～2014 年变化不大。据互联网数据中心（IDC）统计，2013 年一季度三大移动操作系统的市场份额分别是 Android 68.8%、iOS 18.8%、Windows Phone 2.5%；而到了三季度这一数据分别是 Android 81.3%、iOS 13.4%、Windows Phone 4.1%。从智能手机操作系统市场关注度来看，2014 年搭载 Android 操作系统的智能手机获得 78.7% 的关注比例，具有明显的优势地位；苹果 iOS 系统在其 2014 年新品的带动下，关注比例达到 14.0%，较 2013 年提高了 3.7 个百分点；Windows Phone 系统的关注比例则持续萎缩，2014 年降至 5% 以下。[①]尽管在数字上有所变化，但是整个市场的比重基本已经确定，即 Android 牢牢占据主导地位，苹果的 iOS 份额不大但占据重要地位，微软的 Windows Phone 仍没能摆脱小众境地。黑莓（BlackBerry）占比急剧下降，而塞班（Symbian）则退出了历史舞台。

4. 手机应用不断丰富

智能手机的广泛应用使得手机搜索业务再次活跃起来。从手机搜索的发展历史来看，虽然早在 2006 年，其发展一度相当活跃，

---

① 《2014～2015 中国智能手机市场研究年度报告》，http://tech.hexun.com/2015 - 02 - 09/173188815.html。

然而，由于当时智能手机尚未普及，加之网络方面的 2G 网络收费高昂且网速较慢等，手机搜索的发展并不顺利。3G 网络和智能手机的广泛应用，使得手机搜索异常活跃起来。

由于技术的发展和相关服务的跟进，用户可以极为便捷地借助智能手机搜索日常生活中遇到的各种问题，获取任何所需的信息。从目前手机搜索的内容来看，常用的搜索主要集中在信息查询、了解新闻时事、下载歌曲和各种软件及应用等。

在过去的一年里，手机的跨界应用也发展迅速。移动媒体应用通过与购物、支付等机构的联合，极大地推动了手机应用的跨界发展，开启了人们生活的新模式。手机银行、手机购物、手机支付已被越来越多的用户所体验和应用。这使得购物打破了时间、地点等方面的限制，用户可以充分利用一切零碎的时间便捷地选购物品并在网上支付，完成交易，这种便捷性最能吸引消费者的注意。随着手机购物的发展，手机将超过台式计算机和笔记本电脑成为最常见的电子支付媒介。

微信已成为使用广泛的一种应用。从 2011 年至今，微信用户在短短的几年时间里增长迅猛。根据腾讯 2014 年全年财报，微信月活跃用户已达 5 亿人，并且还在不断增长。微信以其免费的图文和语音发送赢得了广大用户的青睐，成为其用户数量不断增长的动力。微信改变和塑造着人们的生活方式。微信也在积极进入海外市场，目前已成功地在东南亚等国得到推广。微信已经覆盖了全球两百多个国家和地区，成为全球拥有用户数最多的移动通信应用。

手机新闻模式转变，即从以往的手机彩信升级为新闻客户端。2013 年，互联网领域围绕新闻客户端在相互竞争，各大新闻门户

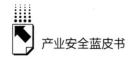

网站，如搜狐、网易等相继推出了各自的新闻客户端。不过，对于用户而言，手机新闻客户端推送的内容大同小异，对用户的吸引力不大，这是手机新闻客户端发展面临的问题所在。

手机网民下载手机应用软件的方式也多种多样，具体见图2。

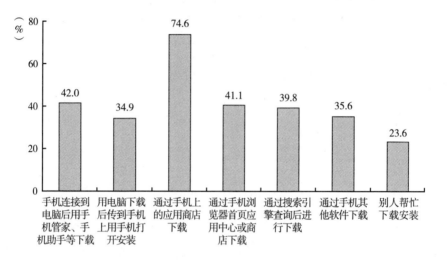

图2　手机网民下载手机应用软件的方式

资料来源：CNNIC《中国移动互联网调查研究报告》，2014。

（四）移动媒体产业化的潜在影响

1. 创造了传播新理念

移动媒体消解了传统传媒业的"编码解码"和"传受"理论，按这些理论视角的解释，信息的传递是单向的。而移动媒体开创的媒体信息传播新模式则是多维、交互、及时地扩散信息的。

移动媒体也消解了传统传媒模式中精英主导和诠释信息的特权，降低了传统媒体"设置议程"和"把关"的重要性，淡化了信息传播中"中心化"的色彩，增强了信息传播中分散、多元和随机性的特点。

移动媒体改变了过去媒体传播中"共鸣效果"式的舆论格局。在传统的媒体传播中，媒体往往扮演着引导舆论的意见领袖的角色，而在移动媒体中，特定媒体对舆论的引导和影响作用淡化，舆论走向受到更多不可控因素的引导。

移动媒体也改变了以往新闻生产和传播的流程。移动媒体的出现，使得过去那种由媒体记者掌控的信息生产方式发生改变，在移动媒体时代，人人都可以制造和传播新闻，个人也可以发布信息，进入公共舆论空间，并引起关注。

2. 创造和满足了"动众"新需求

移动媒体也改变了以往传媒产业的受众格局。移动媒体的受众具有移动性、个性化、即时性的特点，从而为移动媒体创造了一个移动的受众群体——"动众"。移动媒体顺应了移动群体"碎片化"的信息传播需求。随着"动众"规模的扩大及其需求的扩展，"动众"也在不断推动着移动媒体的发展，促使移动媒体不断满足"动众"多元化、个性化的需要，不断衍生出新的供求关系，从而为移动媒体的发展提供广阔的空间。

3. 创造了媒体业务新类型

手机具有上网、拍照、摄影、彩信、定位、短信、互动式语音应答（IVR）、无线应用协议（WAP）等丰富立体的多媒体功能，再加上传播迅速、互动性强以及移动性等技术优势，使得移动媒体可以高效整合音像、图文、视频、语音等多元的传播功能，使传播内容和形式多元化，可以更好地满足广大受众群体的多元需求。此外，需求也会创造供给。用户群体不断增加的多元需求也在不断地

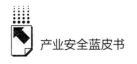

驱动着媒体行业的发展，为其提供发展的动力。在这种发展态势之下，移动媒体的业务类型也在日新月异地拓展和变化。目前来看，移动媒体既可以像广播电视一样用来收听和收看节目，也可以如期刊报纸一样提供各种讯息，既可以传播资讯信息，又可以满足娱乐需求。从内容上来看，移动媒体的业务可分为以手机上网、手机游戏为代表的娱乐类传播业务，以及以各种应用软件下载为代表的服务类传播业务。从移动媒体业务的形式上来看，其涵盖的业务类型极为广泛，几乎包括了所有形式的媒体类型，如手机电视、手机广播、手机报、手机微博、手机杂志、手机游戏、手机网站等。

4. 创造了数据库营销新模式

在过去，媒体受众的身份及其用户数据难以辨识。而在移动媒体时代，媒体受众的用户数据可以不断地被跟踪、收集，受众对象可以不断被细化分类，从而使得相关方在信息传播过程中可以根据用户的个人特征，如消费行为、消费偏好等的不同，实现信息的精准投递和定向传播。这种新型的营销模式，既能更好地为用户服务，满足用户个性化的消费需求，又能提高广告投递的准确性，提高广告宣传的效果，从而以更低的成本、更为直接迅速地将讯息传递给特定受众。这种利用移动媒体开展的营销模式将会为移动媒体产业的发展提供直接的动力，也会冲击传统广告业的发展。

5. 创造了新型产业链和商业模式

移动媒体的蓬勃发展，不仅带动了通信产业的发展，也拓展了传媒产业的产业链，使得原有的产业界限不断被突破，从而为传媒、电信和网络业的多元交互渗透、融合重组提供了契机，使得移动媒体产业的营销模式和产业链条更加丰富多元。

以往的移动通信产业链主要由硬件设备制造商、网络运营商、软件提供商、手机用户等构成，盈利模式为依托通信耗时与数据流量收费。而在移动媒体时代，拓宽的产业链中增加了内容生产商、广告营销商和服务提供商等，盈利模式更加多元化。

三　我国移动媒体产业安全总体状况

（一）通信网络升级有助于移动媒体产业的技术安全

3G 是第三代移动通信技术，是指支持高速数据传输的蜂窝移动通信技术，3G 网络将无线通信与国际互联网等多媒体通信手段相结合，能够处理图像、音乐、视频等多种媒体形式，可以提供网页浏览、电话会议、电子商务等多种信息服务，能够根据室内、室外、行驶等不同模式支持不同的传输速度。中国提出的 TD - SCDMA 标准为第三代移动通信的发展做出了杰出贡献，成为 CDMA TDD 标准中的一员，TD - SCDMA 也已正式成为全球 3G 标准之一。

3G 技术方兴未艾，随着数据通信与多媒体业务需求的发展，又兴起了第四代移动通信技术。2013 年 12 月 4 日，国家工业和信息化部向中国移动通信集团正式颁发 LTE/第四代数字蜂窝移动通信业务（TD - LTE）经营许可，这也预示着移动装置无线访问互联网的速度会大幅度提高，并能够为用户提供更多的增值服务。在 3G、4G 发展的同时，也有多种其他的网络技术在发展，

比如 Wi - Fi 的发展势头也非常好,由于该领域进入门槛比较低,机场、车站、咖啡馆、餐饮场所、图书馆等人员往来频繁的地方,都会通过高速线路将因特网接入,方便消费者使用移动设备。

工业和信息化部于 2010 年 1 月 14 日发布的统计数据显示,2009 年我国 3 家基础电信企业共完成 3G 基站建设 32.5 万个。截至 2011 年 5 月底,我国 3G 基站总数达到 71.4 万个,中国移动、中国电信和中国联通的 3G 基站分别达到 21.4 万个、22.6 万个和 27.4 万个。中国移动建设的 TD 网络已经覆盖全国 4 个直辖市、283 个地级市、370 个县级市及 1607 个县的热点区域,以及部分发达乡镇;中国电信建设的 3G 网络覆盖全国全部城市和县城以及 2.9 万个乡镇;中国联通建设的 3G 网络覆盖全国 341 个城市和 1917 个县城。[1] 在 2013 年举行的"中国互联网协会移动互联网工作委员会成立大会暨移动互联网发展论坛"上,工业和信息化部电信研究院总工程师余晓辉表示,我国移动用户已达 11.1 亿户,其中 3G 用户 2.3 亿户;移动基站已达 207 万个,其中 3G 基站 81.7 万个;WLAN AP 数达到 520 万个,一年新增超过 200 万个。流量方面,我国移动互联网月流量超过 70PB,相当于全球的 8.2% 左右,高于桌面互联网。终端方面,2012 年我国智能手机出货量达到 2.58 亿部,占比达 55%,智能手机出货量超过 2011 年之前的累计出货量。[2]

---

① 温婷:《我国 3G 基站总数已过 70 万》,http://tech.qq.com/a/20110628/000037.htm。

② 李明:《我国 3G 基站总数已达到 81.7 万》,http://news.xinhuanet.com/info/2013 - 03/20/c_ 132247674.htm。

正是这些通信网络技术的飞速发展和通信网络的不断升级，为移动媒体的使用提供了更加良好的外部环境，使得移动媒体用户可以方便快捷地获取所需要的信息，推动了移动媒体产业的发展。

技术的进步和突破带来了手机媒体的大发展，从而也为推动手机媒体的产业化发展提供了可能。从产业形成和发展的阶段来看，我国手机媒体的发展大致可以划分为 3 个阶段，第一，产业初始期。在这一时期，手机媒体开始出现，发展势头良好，但尚未形成规模化效应。第二，产业形成期。手机媒体迅猛发展，利用新型媒介与各种传统媒体及新媒体互动融合发展，驱动产业化效应的出现。第三，产业发展期。手机媒体形成规模效应，开始走上产业化发展之路。在经过几个阶段的发展之后，我国手机媒体无论是在市场规模还是在相关产业链以及商业营销方面，都得到了长足的发展，具有了相当的规模，进入了产业化发展的阶段。

（二）移动用户规模持续增长有助于移动媒体产业的发展安全

移动媒体具有很多优势，基于无线网络的移动媒体处理信息更及时迅速，处理能力更加强大。此外，手机小巧，相比笔记本电脑便于携带，相比台式终端可以移动，更符合个人需要，可以实现在任何时间（whenever）、任何地点（wherever）、不管是谁（whoever）、什么事情（whatever），都能联系到任何人（whomever），正是这些优势的存在，使得移动媒体融入人们工作、生活的方方面面，手机用户规模持续增长。

2012 年中国手机用户突破 10 亿人大关，从 2007 年的 5 亿人增长到 2012 年的 10 亿人，仅用了短短 5 年时间。根据工信部的统计数据，截至 2013 年 3 月底，中国共有手机用户 11.46 亿人，而到了 2014 年 5 月底，中国的手机用户数量已达到 12.56 亿人（见图3），相较 4 月份增长了 0.36%，比 2013 年同期增长了 7.82%，增长速度较快，这相当于中国 90.8% 的人都在使用手机。[①]

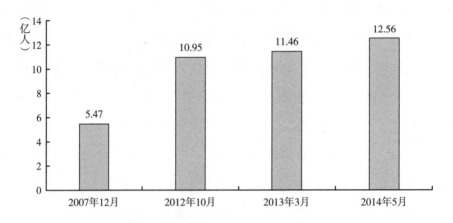

图3 我国手机用户规模变化趋势

在我国网民上网方式的统计中，手机上网仍然保持了良好的增长态势。截至 2013 年 12 月，我国手机网民规模达 5 亿人，较 2012 年底增加 8009 万人，网民中使用手机上网的人群占比自 2007 年的 24% 升至 81%，6 年间提高了 57 个百分点。手机网民规模增长的主要原因表现为以下几个方面。首先，中国智能手机市场保持快速的增长势头，市场研究机构 TrendForce 报告显示，在中国品牌出货增长与 iPhone 新机型发布的带动下，智能手机出

---

① 施建，姚珊玮：《工信部放行 FDD，运营商将陷存量用户苦战》，http://tech.21cbh.com/2014/6－28/4NMDA0MTVfMTIxNDU4Ng.html。

货在 2014 年三季度达到 3.22 亿台，增长 13%，苹果、三星、小米等品牌的智能手机备受欢迎。智能手机具有优秀的操作系统，可以自由安装第三方服务商提供的各类软件，并且可以方便地通过移动通信网络来实现无线网络接入，比传统的非智能手机给消费者提供了更多的效用，这为手机网民数量增多奠定了硬件基础。其次，手机功能的多样性使得手机不仅具有简单的通话和发送短信的功能，手机视频、网络游戏、新闻浏览、邮件收发、网上支付等更多的应用服务受到用户的青睐，手机已经成为人们生活中不可或缺的一部分。最后，3G 网络的普及、4G 网络的兴起、Wi-Fi 的覆盖，以及电信运营商下调网络资费等，为手机网民数量增多提供了技术支持和使用基础。在上述这些因素的带动下，我国手机网民数量不断增长。

从手机网民上网内容来看，手机网络视频、手机网络游戏、手机网上支付、手机网络购物、手机团购等休闲娱乐和购物类应用的使用率增长较快，相比之下，手机社交网站、手机论坛等应用的使用率有所下降。2013 年与 2012 年相比，手机网络视频用户使用率增长了 17.3 个百分点；其次为手机网络购物、手机网上支付，用户使用率均增长了 15.7 个百分点；此后依次为：手机团购，用户使用率增长了 11.7 个百分点；手机网上银行，用户使用率增长了 10.45 个百分点；手机网络游戏，用户使用率增长了 9.9 个百分点；手机网络新闻、手机搜索、手机旅行预订、手机即时通信的用户使用率分别增长了 5.7 个、3.6 个、3.2 个、2.2 个百分点。

2012~2013 年各类手机应用的使用率情况见图 4。

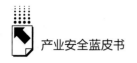
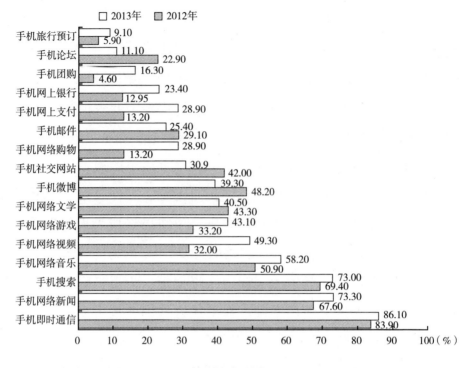

图4　2012～2013年各类手机应用的使用率

资料来源：CNNIC《中国互联网络发展状况统计报告》，2014。

（三）平板电脑国产品牌市场竞争力增强有助于新媒体产业安全水平提升

平板电脑（Tablet Personal Computer，Tablet PC）这一概念最早由比尔·盖茨提出。2012年，苹果iPad风靡全球，也引爆了平板电脑的生产和销售热潮，一时间，各行业厂商纷纷涉足平板电脑业，平板电脑业快速发展。根据2011年互联网消费调研中心ZDC在中关村在线（ZOL）网站上进行的一项平板电脑用户需求调查，88.6%的用户表示看好平板电脑的市场发展前景。从平板电脑品牌来看，苹果 iPad 作为平板电脑时尚的引领代表，已经被广大的消费者所认可。总体上看，苹果、三星等国外品牌的用户关注度依然高于国内品牌。2013 年平板电脑国外品牌关注度为 63.9%，而国内品牌关注度为 36.1%，相差 27.8 个百分点（见图 5）。这也说明国产平板电脑与洋品牌平板电脑还存在一定的差距。

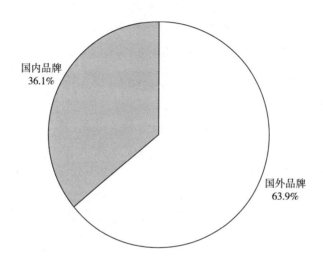

图 5　2013 年平板电脑品牌关注度

资料来源：互联网消费调研中心 ZDC《2013～2014 年中国平板电脑市场研究年度报告》，2014。

从平板电脑品牌看，虽然苹果等国外品牌依然居于市场的主导地位，但是国内品牌的关注度和用户数量正在不断上升，尤其是以联想为首的国内品牌，市场竞争力正在不断提高。根据互联网消费调研中心 ZDC 的调查，2013 年中国平板电脑市场品牌关注度、国产平板电脑市场品牌关注度分别如图 6、图 7 所示。

从国产平板电脑市场的品牌关注度来看，联想的关注度最高，为 22.20%，位居国内品牌之首。除了关注度，联想的个人

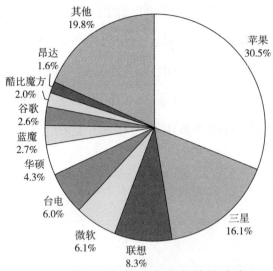

图6 中国平板电脑市场品牌关注度

资料来源：互联网消费调研中心 ZDC《2013～2014年中国平板电脑市场研究年度报告》，2014。

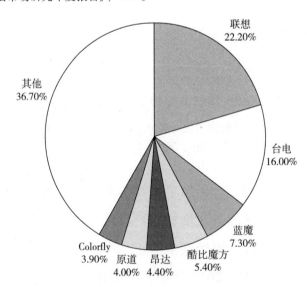

图7 国产平板电脑市场品牌关注度

资料来源：互联网消费调研中心 ZDC《2013～2014年中国平板电脑市场研究年度报告》，2014。

电脑和平板电脑也在 2013 年取得了市场第二的好业绩。截至 2013 年底，IDC 数据显示，联想集团平板电脑出货量居全球第四，仅次于苹果、三星、华硕。同时，联想在 2013 年 11 月推出的 YOGA 平板电脑在上市 1 个月就创下了销量突破 100 万台的成绩，这主要得益于 YOGA 平板电脑独创的外形设计，更贴合消费者的需求。①

（四）移动电视媒体收视率提高有助于新媒体产业的内容安全

移动电视媒体是户外媒体的先行者，是支持移动接收的新型媒体形式。移动电视无须连接有线电视网络，通过机顶盒、接收天线和终端显示器即可收看到电视节目，可以实现边走边看，随时接收的效果，满足了现代人快节奏生活和工作过程对信息的需求。移动电视媒体具有电视媒体的属性和表现力，但其传播效果超越了传统媒体形式，它比纸媒更加生动形象，可以影响更多的人群，比广播更加可视化，比网络更加权威，可信度高，移动电视在时间和地点上比传统电视更占优势，是传统电视的有益补充。根据《中国移动电视发展报告（2013）》的统计，截止到 2013 年底，全国共有 100 余个城市开展了移动电视业务，共有近 30 万个终端，每天覆盖近 6 亿人群。

CTR 市场研究公司对 2009 年一季度中国 16 个主要城市公交

---

① 《2014 年 IT 网民联想平板电脑使用情况调查报告》，http：//tech. hexun. com/2014 - 05 - 30/165271410. html。

移动电视收视研究调查的结果显示，人们对公交移动电视的接触程度仅次于电视和报纸。全球著名市场研究公司尼尔森在2008年发布的调查报告就已表明，从部分城市调查情况看，公交移动电视总体到达率已经达到95%，大部分城市黄金时段的收视率更是突破10%，已经超过了传统电视黄金时段的收视率。[①] CCTV2011年媒体推介会发布的一项调查显示，公交移动电视媒体的关注度高达95%，其中有59%的人经常关注或留意公交移动电视的内容，有36%的人表示每次都会主动观看公交移动电视，仅有5%的人表示不关注公交移动电视媒体，高关注度带来的是更高的到达率。

（五）广告商青睐移动电视有助于移动媒体产业的形式安全

根据 CCTV 移动传媒的调查，户外媒体是受众面最广的媒体，而户外媒体中的公交移动电视更是接触度排名前五的媒体。公交、地铁等公共交通工具是大部分人出行所选择的交通工具，因此移动电视已经成为一种大众广播式的媒体传播方式，受到了更多广告商的青睐。

首先，移动电视的受众广泛，在大中城市，尤其是北上广这样的大型城市，绝大部分人的出行都以公共交通为主，2007年以来，我国每天接触3种以上媒体（包括移动媒体）的人数大幅攀升，2012年，北京每天有2000多万人次乘坐公共交通工具，如此庞大

---

① 《尼尔森发布收视率最新报告：公交电视效果明显》，http：//www.hinews.cn/news/system/2008/12/12/010377432.shtml。

的消费人群，使得移动电视的广告市场潜力非常巨大，由此带来的广告收入势必增长。CTR 调查数据显示，新媒体在经过几年的发展之后已经表现出较强的受众优势，在众多新媒体中，公交移动电视的广告表现较为抢眼，如图 8 所示。

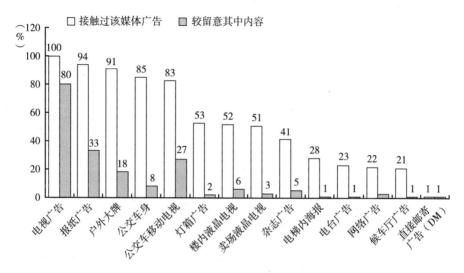

图 8　媒体接触习惯调查

资料来源：CTR《受众媒介接触习惯调查》。

其次，移动电视广告成本较低。相比电视广告，移动电视广告门槛较低，投入较少，能够节省广告费用，以最小的成本实现最大的传播效果。以华视传媒为例，作为拥有全国 70 个公交电视联播网的传播平台，其千人成本只是传统电视媒体的1/10。[①]

最后，随着营销手段及方式的进步，移动电视广告投放效果

---

① 黄合水：《广告主看好公交地铁移动电视，户外移动电视行业前景广阔》，http://finance. ifeng. com/gem/vcyj/20120828/6953415. shtml。

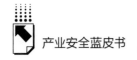

好，受到受众群体的认可。易观国际数据显示，2010 年中国公交地铁电子屏广告市场规模达到约 19 亿元，[①] 如图 9 所示。

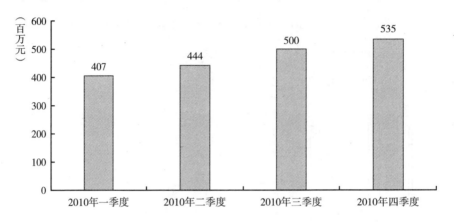

图 9　2010 年中国公交地铁电子屏广告市场规模

在 2012 年 7 月 CTR 发布的《广告主广告营销调查报告》中，针对上半年重点关注的广告投放量全国排名前列的行业和新兴重点行业广告主的研究发现，移动公交电视在价格、服务和效果三个方面得到广告主的很高评价，[②] 这也是广告商青睐移动电视广告的主要原因和动力。

（六）手机媒体产业发展有助于新媒体产业的发展安全

手机传媒产业的发展也带动了整个产业链条上相关产业的发展。

首先，从手机终端制造产业来看，智能手机在性能方面、配置方面的不断提升，使得我国手机设备的制造量和销售量都在不断增

---

① 《2011 年中国移动电视市场规模加速增长》，http：//www. sarft. net/a/29991. aspx。

② 易观国际：《中国户外电子屏广告市场年度综合报告》，2011。

长。工信部发布的《2014 年电子信息产业统计公报》显示，2013年，我国生产手机 14.6 亿部，占全球出货量的比重在一半以上。而随着 4G 时代的到来，更换手机的需求大幅增长，这也为手机制造商提供了新的机遇。

其次，从移动通信产业相关设施建设规模来看，目前的智能手机要求网络数据的传输具有更快的速度和更高的效率，这也为移动网络运营商带来了压力和发展的动力，推动着 3G 基站、Wi – Fi、4G 部署的建设。

最后，手机媒体产业带动了其他相关产业的发展，其中包括手机传媒软件开发产业、手机影视创意产业、服务平台技术产业以及手机动漫创意产业。特别是各类手机应用的活跃，为相关产业的发展提供了持续的动力。《2013 年电子信息产业统计公报》显示，2013 年，我国软件业务收入同比增长 24.6%，明显高于全球 5.7%的平均水平。手机媒体产业的发展已带动着包括互联网、手机终端制造等在内的诸多行业的发展，正在形成集成创新群体。

在手机传媒影响越来越大、覆盖领域和影响群体越来越多的趋势下，手机媒体产业吸引了各行各业的关注，无论是报业系统，还是信息服务商、广告商，都开始以积极的姿态试图在手机媒体中推进业务，从而为手机媒体的后续发展提供资金和机遇。

一方面，从产业资本来看，三大移动运营商投资规模最大、最受关注。三大运营商为了提升各自对手机传媒业的掌控力，分别斥巨资建设手机媒体的内容基地。中国移动、中国电信分别在全国建设八大基地，中国联通也在建设联通"沃"阅读基地等，各自抢滩内容基地的建设，增强自身的控制力。

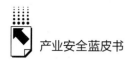

另一方面，从行业资本看，手机传媒产业吸引了出版、报社等传媒集团的大量投资。手机传媒的广阔发展前景也吸引了全国范围内各主流传媒机构的投资。除了传媒机构之外，自2010年以来，手机传媒业也吸引着互联网行业，如联想、盛大等集团的投资。手机传媒产业的发展前景被普遍看好，投资预期乐观，这无疑将推动手机媒体产业的大发展。另外，民营机构在手机传媒领域的风险投资，也是近年来带动产业发展的一个新的增长点。

在产业经济学中，产业的商业模式是调配产业内部各组成部分之间进行有序的分工合作、合理调度资源配置以及促使价值形成和传导的无形纽带。在传统的传媒产业中，主要有内容支撑和广告支撑这两大商业模式。而在手机媒体时代，商业模式在新的媒介平台和技术的驱动下，在以往商业模式的基础上有了新的突破和创新。手机媒体的一般商业模式可分为内容支撑型、应用支撑型、广告支撑型、服务支撑型和资本支撑型五类。

1. 内容支撑型商业模式

在该模式中，手机媒体及其上下游相关产业利用各自在网络、资源等方面的优势，开展手机媒体内容制作方面的合作，并推动内容传播，根据手机媒体提供的内容谋得利润。一般的内容支撑型商业模式包括订阅收费式和流量、计时收费式等。在订阅收费式下，订购了手机电视或手机报纸的用户要支付费用。另外，内容支撑型商业模式也普遍采用根据用户使用的数据流量或使用时间的长短收费的方式，比如根据影视节目收听收看的时间长短或所耗流量的多少收费等。除此之外，还有包月或包年等固定收费模式。

2. 应用支撑型商业模式

这种模式主要是通过提供大量丰富的手机应用来为手机媒体带来收益的。作为近年来手机媒体产业中的一种新的商业模式，日新月异的各类手机应用和手机软件更新，是手机媒体相关产业获利的主要方式之一。比如在手机阅读中，下载了客户端的手机用户可以购买电子阅读材料。另外，如手机即时通信，用户在使用手机上的各种即时通信工具，如飞信、微信、QQ等实现即时通信的同时，往往也需要支付流量费用或者通过付费获取相关应用程序。手机网民偏好的手机应用付费方式见图10。手机网民网络付费情况见图11。

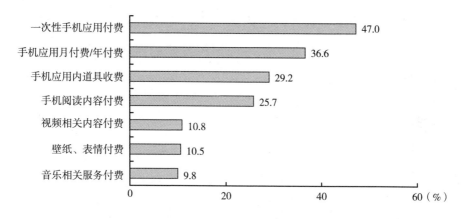

图10　手机网民偏好的手机应用付费方式

资料来源：CNNIC《中国移动互联网调查研究报告》，2014。

3. 广告支撑型商业模式

在我国，手机媒体产业的发展经历了由最初的完全免费到当前阶段以"收费＋免费"为主的模式。免费的模式在产业发展的起步阶段有利于吸引用户的关注和支持，在该模式下以免费的模式推

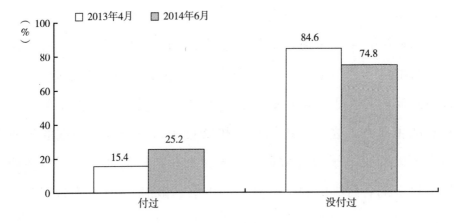

图11 手机网民网络付费比例

资料来源：CNNIC《中国移动互联网调查研究报告》，2014。

广手机媒体，又在手机媒体中内嵌广告，再以广告收入补贴媒体业务，是我国媒体产业发展初期一种比较普遍的经营方式。手机网民对手机广告的态度见图12。

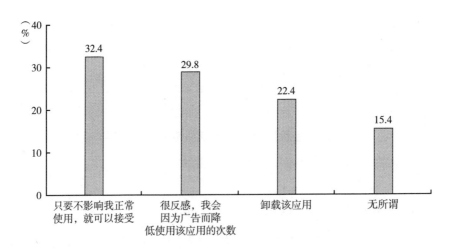

图12 手机网民对手机广告的态度

资料来源：CNNIC《中国移动互联网调查研究报告》，2014。

现阶段，手机媒体广告市场在不断发展壮大，手机媒体广告具有投放目标精准、互动性强、形式灵活多样的特点，在手机媒体产业发展中起着重要的作用。手机媒体广告可以充分利用手机图文并茂，集音频、视频为一体的优点，推出异彩纷呈的各种广告，其中主要包括彩铃广告、动漫广告、图片广告、短信广告、游戏广告等。手机网民的手机广告接触度情况见图13。

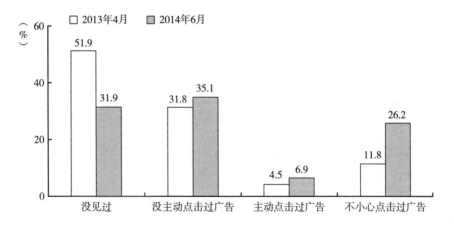

图13　手机网民的手机广告接触度

资料来源：CNNIC《中国移动互联网调查研究报告》，2014。

4. 服务支撑型商业模式

在手机媒体领域，服务支撑型的商业模式，主要借助媒体产业链中各产业之间的分工合作，以手机为媒介，通过为用户提供综合管理服务、手机位置信息服务、各类票务订购等增值类服务来获取商业收益。其中，手机位置服务是指围绕智能手机用户所在的地理位置予以定位，并提供日常所需服务，如娱乐、购物、餐饮等业

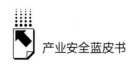

务。综合管理服务主要是指为手机用户移动办公提供便利，如各类手机电子对账信息服务、手机理财、缴费账单信息服务等都属于这一管理服务范畴。得益于这一系列增值服务，手机媒体正在朝着多功能信息传输和万能处理终端的方向发展。

5. 资本支撑型商业模式

手机传媒正在成为现代经济体系中最为活跃的资本市场，吸引着各投资方的注意。各大移动运营商和媒体联合社会资本，投资成立各种类型的手机媒体公司，在行业领域中抢占制高点。而另有部分上市公司通过重组、兼并和收购等方式也参与到了手机媒体的相关业务中，开始进入手机媒体产业。这种投资热潮既为手机媒体产业的发展提供了资金，又可能潜藏着风险。

从整个产业的角度来看，手机媒体具有鲜明而复杂的产业特征，不同于一般的传统产业。具体而言，手机媒体产业的产业属性集中体现在如下几个方面。

首先，跨媒介性（cross–media）。手机媒体集音、像、图、文于一体，整合了多种媒体优势，天然具有跨媒介的特征。手机媒体的大发展得益于手机媒介与互联网媒体及传统媒体的大融合，这使得手机媒体业务得以延伸。

其次，跨技术性（cross–technologies）。手机媒体产业的发展与技术领域的各项突破和革新是同步的。伴随手机媒体产业发展的，是数字技术、计算机技术、互联网技术、通信技术等的不断发展与交互融合，这使得手机作为多媒体传播的功能更为出众。各种软件的开发和应用使手机媒体的传播形式得以不断优化，而信息管理和共享方面的技术进步，则为手机媒体业务的开展提供了技术保障。

再次，跨市场性（cross - markets）。手机传媒产业具有整合多种产业发展的复杂产业链，以及经营发展的新型商业模式，再加上手机媒体的跨媒体经营方式，使得手机媒体产业具有多维市场的特性。

最后，跨行业性（cross - industries）。从手机传媒产业的产业链来看，手机传媒产业往往同时整合了从设备制造业到地理信息业在内的多个行业，体现出了横跨多个行业的合作局面。手机媒体产业中普遍存在的跨行业、多部门的合作模式也对产业管理提出了新的挑战，呈现出前所未有的复杂性。

（七）法律和法规的制定有助于新媒体产业的内容安全

由于手机媒体产业发展的历史较短，而且产业链横跨多个领域，商业模式也在不断创新，我国还没有针对手机传媒产业的专门的法律法规和监督制度，现在的手机传媒产业，是由多部门进行管理的，具体的管理部门包括国务院新闻办、广电总局、工业和信息化部、新闻出版总署等。

在广播影视产业管理方面，现有的管理条例包括：1991年通过的《广播电视管理条例》；2000年通过的《广播电视实施保护条例》；2002年实施的《电影管理条例》；2009年出台的《广播电视广告播出管理办法》，2012年实施的《〈广播电视广告播出管理办法〉的补充规定》。

在报刊产业管理方面，现有的管理规章制度主要包括：1990年签发的《报纸管理暂行规定》；2005年颁布的《报纸出版管理规

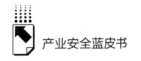
定》；2009 年实施的《报刊记者站管理办法》。

在图书出版的管理方面，我国目前的有关规定包括：2001 年颁布的《出版管理条例》；2008 年生效的《图书出版管理规定》；2011 年发布的《国务院关于修改〈出版管理条例〉的决定》。

在互联网相关产业的管理方面，有关部门先后出台的管理法规主要有：2000 年由国务院第 31 次常务会议通过的《互联网信息服务管理办法》；2001 年由新闻出版总署、信息产业部联合发布并自 2002 年 8 月 1 日起施行的《互联网出版管理暂行规定》；2002 年 11 月 15 日起施行的《互联网上网服务营业场所管理条例》；自 2004 年 10 月 11 日起施行的《互联网等信息网络传播视听节目管理办法》；2005 年 10 月 25 日发布实施的《互联网站管理工作细则》；2005 年颁布施行的《互联网新闻信息服务管理规定》；2005 年公布并自 2006 年 3 月 20 日起施行的《互联网电子邮件服务管理办法》；2006 年 5 月 10 日国务院审议通过并于 2006 年 7 月 1 日起施行的《信息网络传播权保护条例》；2007 年 12 月 20 日国家广电总局、信息产业部联合发布并自 2008 年 1 月 31 日起施行的《互联网视听节目服务管理规定》。

在电信产业管理方面，现有的管理办法主要有：1997 年 12 月 17 日信息产业部、国家发展和改革委员会、国家经贸委联合发布并于 1998 年 1 月 1 日起施行的《移动电话价格管理暂行规定》；2000 年 9 月 20 日国务院第 31 次常务会议通过并颁布施行的《中华人民共和国电信条例》；2010 年 4 月 21 日工业和信息化部发布并施行的《移动电话机定制管理规定》；工业和信息化部宣布的从 2010 年 9 月 1 日起正式实施的电话用户实名登记制度。

　　上述管理办法和管理条例覆盖了手机媒体产业相关的各个行业，事实上，手机媒体产业的发展与上述各领域密切相关，因而上述各项管理制度在手机媒体产业发展过程中都起到了相应的监管和规范作用。然而，需要注意的是，手机媒体并不是上述各个领域的简单综合或多行业的简单拼接，为了更好地规范手机媒体产业的发展，有必要出台若干更具针对性、更加专业化和精细化的管理制度，避免多重管理造成实际上的管理不力。

　　"没有规矩不成方圆"，只有依靠良好的环境和法律的约束，手机媒体产业才能更好地发展。抛开约束，无章可循，缺乏管制，只会导致手机媒体产业圈中的企业良莠不齐，而最终受到伤害的是认真合法经营的企业。鉴于此，除了恪守国家有关的管理制度和法规之外，手机媒体行业的自律意识也在不断加强，这种业内的自律意识也是促进手机媒体发展的内在动力。

　　早在 2007 年，就有十多家媒体在人民网发起倡议的《手机媒体自律公约》上签字。该倡议呼吁媒体行业从业者要加强自律，提高媒体行业从业者的道德水平，增强媒体行业的社会责任意识，营造一个健康的手机媒体环境。

　　2010 年初，为了维护良好的互联网和手机网络环境，杜绝低俗和色情信息的传播扩散，多家手机媒体与中国科技新闻学会手机媒体新闻传播专业委员会一起，在北京发起倡议，共同号召业内同行要树立自律意识，共同在手机网络媒体上抵制各种色情和低俗信

息，打造一个绿色健康的网络环境。另外，该倡议书还要求手机媒体要利用自身平台传播健康信息，坚决抵制各类伤风败俗和违法信息的传播。除此之外，对于手机媒体行业中具有合法版权进行传播的手机媒体，要定期向社会公示其名称，使其接受舆论的监督，从而为广大手机用户营造一个健康的网络环境。

2014 年，全国手机媒体委员会联合人民网、新华网、央视网，以及中国移动、中国联通、中国电信三大运营商共同发布《中国手机媒体移动互联网信息安全和版权自律行业公约》（以下简称《公约》）。国家版权局相关负责人表示，《公约》的发布对营造移动互联网正版环境意义重大。根据《公约》的倡议，移动网络应用商店服务平台应接受主动监管；而在自身平台上传合作第三方的信息内容和软件时，相关企业应主动承担起审核版权和信息安全的责任，配合手机媒体与移动互联网行业组织通过对应用开发者、应用商店和安全软件建立预先核定公共平台等技术手段，以及第三方监测、客户举报、技术过滤的措施，防范侵权盗版及危害网络安全的行为发生。

全国手机媒体委员会联席主席杨元惺说，《中国手机媒体移动互联网信息安全和版权自律行业公约》的出台，对营造良好的手机媒体与移动互联网版权和信息传播网络环境，维护版权及相关权利人的合法权益，保护知识产权、维护网络信息安全、规范市场竞争秩序、促进产业健康发展，具有跨时代的意义。

B.3

中国移动媒体产业安全
存在的问题及对策

王卓宇　肖　丽*

摘　要：　中国移动媒体产业中存在的问题集中体现在10个方面。第一，移动媒体自身发展较为滞后，中国移动媒体产业与发达国家相比还有差距。第二，移动媒体内容安全仍需加强。第三，对移动媒体版权安全的重视不够。第四，移动媒体产业的信息安全状况堪忧。第五，移动媒体产业的产业互补和融合问题有待进一步探索和解决。第六，发展新媒体产业面临着较为突出的人才制约问题。第七，产业链条中存在局部环节的高垄断性。第八，产业政策不健全。第九，产业管理规范缺失。第十，手机媒体产业还存在过度市场化的现象。

为了解决上述问题，我们认为需要强化以下几个方面。第一，强化移动媒体产业的内容安全。第二，强化移动媒体产业的版权意识，强化版权安全，避免

---

* 王卓宇，法学博士，北京交通大学中国产业安全研究中心讲师，主要研究领域为国际关系、国际传播。肖丽，北京印刷学院文化产业安全研究院讲师。

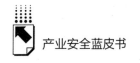
侵权行为的发生。第三，推进移动媒体产业融合，提升产业发展的合力。第四，加强对移动媒体产业的监管力度，通过完善政策和规范，管理及引导移动媒体产业的发展，避免移动媒体发展过度市场化。第五，注重专业人才的培养，加强移动媒体产业发展所需的人才队伍建设。

关键词：　移动媒体　产业安全　问题和对策

一　移动媒体产业安全存在的问题分析

（一）我国的移动媒体产业与发达国家相比还有差距

虽然近几年我国的移动媒体产业取得了快速发展，以手机、平板电脑等为代表的移动媒体保持持续增长的态势，我国的移动媒体也有着其他国家无法比拟的庞大的用户基数，移动媒体产业所占比重不断上升，但是与发达国家相比，我国的移动媒体产业还存在一定的差距。日本是最早推出移动媒体服务的国家，市场调查机构comScore 对部分国家手机使用情况的年度调查报告显示，日本有76.2%的人在使用移动媒体服务，这与英国和美国形成鲜明对比，这两个国家分别只有 56.7% 和 55.2% 的手机用户访问移动媒体。在盈利模式方面，日本也有其独特的经验，雅虎日本的三大盈利业务分别为增值广告、面向客户收费和电子商务。日本最大的视频网站使用户在观看视频时可以分享感想，并且设计了一套独特的移动收费系统。其最有特色的是直播服务，使用户可以及时地与视频嘉宾互动，在观看视频时可以及时购买广告中的相关产品。[1] 此外，日本的移动媒体紧跟时代的发展潮流。日本业界在应用方面努力开发新产品，开发针对智能手机的游戏、照相应用软件等。可以看出，在盈利模式方面，日本有很多东西值得我们借鉴。此外，在商业模式、运营模式、业务模式等方面，我国的移动媒体产业还处于发展阶段，与发达国家相比，还有一定的差距，促进这些模式升级才是移动媒体发展壮大的必由之路，这也是移动媒体产业今后需要进一步努力的方向。

（二）移动媒体内容安全仍然需要加强

媒体传播的内容安全包括两个方面，一方面是信息内容本身，这是内容安全的本质，另一方面是内容的表现形式，也即信息内容的传播方式。所以，美国哥伦比亚大学信息研究院的约翰·凯里教授认为新媒体内容是"一种混合体"，可以这样理解媒体传播，即它是以数字媒体技术为传送渠道的电视媒体内容、网络媒体内容、平面媒体内容，以及其他信息内容的适度"混合"，依据受众需求和交合作用所形成的新型的多媒体、多层次的信息形态。[2]

根据这一理解，移动媒体也需要以数字技术为传播渠道，传播移动媒体的"新内容"。内容提供商指内容的制作者和提供者，位

---

[1] 《圆桌对话：移动媒体的盈利·日本经验》，http://tech.163.com/12/1119/16/8GMIGCDF00094N6S.html。

[2] 张文俊：《数字新媒体概论》，复旦大学出版社，2009。

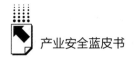

于整个产业链的前端。随着移动媒体的发展，其传播内容本质也应该发生相应的变化，例如，电子阅读器这种移动媒体，可以储存上百本的电子图书，其内容提供商主要是传统的出版社，但事实上以出版社为核心的内容提供商在整个新媒体产业链中始终处于一个弱势地位，电子阅读器既没有出版资质，也无法掌握内容资源，所以其在新媒体产业链中也处于弱势地位。再以手机移动媒体为例，重视内容，要求根据手机媒体的特点"量体裁衣"，手机媒体的内容应该适应手机屏幕较小、流转性高、及时性强的特点。而移动电视媒体也与传统电视侧重摄像机采集、编辑机处理和录像带载体的信息内容制作与传播方式不同，它还需要依托网络和数据技术，采用图像采集和处理方式，从而最大限度地保持移动电视的信息表达效果。

从这一角度看，移动媒体的内容并非传统媒体内容的简单复制与平移嫁接，而是包含了更加广泛的信息内容，所以仅仅依靠传统媒体的内容是远远不够的，必须根据移动媒体的具体形式和传播特点创造新的内容，以促进移动媒体的发展，满足用户的需求。而目前我国移动媒体等新媒体产业发展尚处于初级阶段，还没有形成规模经济，此外，为了节约成本，很多新媒体的内容仍然采用了传统媒体的内容储备，这也为内容供应商敲响了警钟。因此，移动媒体为了长远的发展，仍然坚持以内容为主。

在丰富内容的同时，还需要保障移动媒体的内容安全。一方面，移动媒体内容要以弘扬社会主义核心价值观为原则，这既是国家文化兴盛的要求，也是文化产业发展的基本要求。要倡导符合社会主义核心价值观的内容，摒弃有悖于核心价值观的内容，坚决制止非法内容的制作和传播，并且要完善法律法规，对非法制作移动媒体内容进行严厉打击，提高违法成本，严格控制非法内容的生产。另一方面，随着信息技术、网络技术的发展，移动媒体的传播形式逐渐多样化，传播非法内容和盗版内容应受到严厉打击。此外，由于我国目前并未推行文娱作品分级制度，很多内容的创作具有随意性，一些文娱作品的内容并不适合所有观众，尤其是一些内容不适合儿童及青少年阅读或观看，建议推进分级制度，保证作品的内容安全，使不同年龄的人群都能够阅读或观看到健康、良好的文娱作品，这也为净化影视作品市场提供了有效途径。

（三）移动媒体版权安全形势严峻

在当今知识经济时代，知识产权作为一个产业的核心竞争资源，表现出前所未有的重要性。尊重知识产权、保护知识产权，就是保护整个产业的核心。随着信息技术和互联网的飞速发展，移动媒体产业已经融入人们社会生活的各个方面，但是由于移动网络具备传播速度快、容易复制等特点，著作权受侵犯、软件盗版等问题客观存在，比如在线盗播、非法下载、从网上下载视频再上传等侵权行为，诸如此类的行为给产业版权安全带来了很多困扰，既影响了用户接收和体验信息的权利，也给内容供应商、开发商、发行商等造成了巨大的经济损失，还给行业监督带来了很大的难度。为了保护版权，内容供应商、开发商或发行商不得已在用户接收产品信息的过程中设置这样或那样的门槛限制，导致用户或者无法正常接收信息，或者仅有部分用户能够享受到接收信息的权利，这就损害了用户的切身利益。而盗版等行为给版权拥有者带来的损失更是无

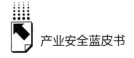

法估量。所以，侵权行为是移动媒体产业发展的一大瓶颈，严重影响到移动媒体产业的安全发展，必须要加快版权安全体系建设，加强对移动媒体产业的版权管理，一方面，要加强行业监管，建立严格的审查制度，提高侵犯知识产权的成本；另一方面，要完善法律法规，以法律手段使正当的知识产权受到法律保护；此外，要提高版权的保护技术，比如加密技术、身份认证技术等，多管齐下，共同维护移动媒体产业安全发展的良好秩序。

（四）信息安全问题不容乐观

随着移动媒体在社会生活中的应用越来越广泛，在移动媒体提供海量信息的同时，信息安全问题也浮出水面。以手机媒体为例，一些公共场所的免费 Wi－Fi 存在安全隐患，手机用户在免费上网的过程中，个人隐私可能被黑客盗取了，而在浏览网页、安装软件、下载视频、手机支付等过程中，手机中还可能被植入一些恶意软件或者病毒，造成手机中毒以及个人信息泄露、丢失等各种信息安全问题。2014 年 7 月 22 日，由新华社新媒体中心对外发布的《中国新兴媒体融合发展报告（2013～2014）》指出，垃圾短信、骚扰短信和电话的发生比例仍然较高，在整体手机用户中的发生比例分别达 59.2%、49.0%；其次为手机欺诈、诱骗信息，发生比例为 36.3%。此外，恶意软件、假冒网站、诈骗网站、病毒或木马等造成个人信息泄露、账号或密码被盗，也成为我国网民信息安全问题的主要表现形式。2013 年 3～9 月，全国因信息安全问题而遭受的经济损失达到 196.3 亿元。智能手机上网用户群中，接收到垃圾短信、骚扰短信和电话的比例较高。除此之外，发生安全事件概率较高的手机使用行为依次为手机浏览网页、手机玩游戏、手机聊天和下载、手机搜索、手机购物支付等。① 因此，用户需要提高信息安全意识，行业内信息安全保障技术需要进一步提高，同时信息安全的法规、政策与标准也应尽快完善，以解决新媒体产业的信息安全问题。

信息传播安全成了近几年来困扰手机传媒产业进一步发展的重要问题，信息传播安全亟须得到保障。一方面是手机用户越来越多，技术革新的步伐越来越快，手机媒体产业的发展势头越来越迅猛，另一方面是手机黑客和不法分子的手段越来越高明，利用各种软件漏洞和设计缺陷开展针对用户的攻击行为，散播手机病毒，窃取用户的各种账号和个人信息，搜集用户应用手机媒体的行为模式，然后再等用户上网收发邮件或进行手机支付时引发病毒，导致用户信息泄露和被滥用，利益受损。因此，在手机媒体产业高速发展的今天，加强用户信息安全是媒体产业实现可持续发展的当务之急。

2013年网络诈骗、信息泄露等事件频繁发生，影响了网民的上网体验，也阻碍了互联网产业的健康发展。为反映中国网民信息安全现状和网民安全意识，CNNIC发布了《2013年中国网民信息安全状况研究报告》，从网民角度评估我国互联网安全方面存在的风险，了解网民在信息安全上遇到的问题和需求。报告显示，在2013年上半年遇到过网络安全问题的网民比例高达74.1%，受影

---

① 《中国4.38亿网民遇信息安全问题》，http://xinhuatone.com/zt/xxmtcydh/page3/newsDetail2.jsp? con_ id =259140。

响总人数达到了 4.38 亿人。2013 年中国网民信息安全状况呈现以下特点。

首先，以直接获取经济利益为主要目的的安全问题增加，对安全软件提出了更高的要求。得益于安全软件对部分安全问题捕获能力的提升，2013 年网民遭受传统病毒或木马等问题的比例减少，但是以直接获取经济利益为目的的手机恶意软件、假冒网站/诈骗网站、个人信息泄露等安全问题的发生比例增加。其中，手机恶意软件的发生率上升了 13.2 个百分点。手机恶意软件常以暗地扣费、扣流量等为主要方式，在用户未知情或未授权的情况下，通过自动订购收费业务、拨打收费声讯电话、偷跑流量等，为自己谋利；假冒网站/诈骗网站则常常伪装成正常网站，以抽奖等方式窃取用户信息或骗取钱财；此外，还有不法分子通过各种手段骗取个人信息，进而实施后续欺诈行为。这些安全问题种类繁多，变化多端，对安全软件的捕获能力提出了更高的要求。

其次，网民信息安全防范意识不足，智能手机的安全防范更需加强。网民的信息安全防范意识还有待提高，调查显示仅有 75.2% 的人使用系统自动更新/打补丁，有 67.3% 的人设置了复杂密码。常见的个人安全防范措施尚未普及，是信息安全事件频发的重要原因。此外，智能手机上安装安全软件的用户仅占 70%，未安装安全软件的人群中有一半的人认为"没有发生安全事故，不需要安装"。网民手机端安全防范意识不足，使大量手机恶意软件和病毒有机可乘，从而使这些手机用户直接面临信息安全威胁。加大手机安全知识的普及，是今后的重要任务之一。

最后，网络安全防范非常重要，建立安全事件发生后的解决机制也很关键。尽管当前安全软件的拦截和杀毒功能不断完善，互联网门户企业也加大了对信息安全问题的审查和过滤力度，但2013年上半年仍有13.3%的网民因网上下载软件而经历过安全事件，因使用即时通信、搜索引擎、网络游戏、网上购物而遭遇安全事件的网民比例也分别达11.5%、6.0%、4.2%和4.0%。因此，除了安全软件和各大互联网企业的防护外，建立安全事件发生后的解决机制非常重要。搜索引擎、网络购物等行业部分企业相继推出了不同的保障措施，以帮助用户解决上网中的安全问题。部分搜索引擎企业推出了网民权益保障计划，针对搜索推广中出现的安全问题接受一定期限或无时限申诉，以不断完善网络安全问题的解决机制。

（五）产业互补与融合问题亟待解决

第一，移动媒体产业与传统媒体产业需要更好地融合。二者之间的融合问题一直是业界讨论的重点，至今仍有待解决。传统媒体的市场影响力在不断减弱，要想生存发展，必须与移动媒体等新媒体进行优势互补与融合，遵循新媒体的传播规律，将传统的内容网络化，与用户进行互动与交流。而新媒体的优势更多地集中在传播的媒介、方式、技术手段等方面，比如由于互联网、移动通信以及数字技术的发展而风生水起的手机媒体、移动电视等移动媒体新传播方式，但是在当今传媒行业依然重视内容的形势之下，新媒体也需要提供优质、创新的内容。可见，传统媒体和新媒体之间仍然各自拥有竞争优势，所以，传统媒体和新媒体之间必须实现优势互补，重新配置优势资源。传统媒体应将内容

做好，推动内容创新，以适应新媒体的发展，而新媒体应将传统媒体的劣势和无法实现的方面做大做强，以最终实现产业的大融合，促进产业的安全发展。

第二，移动媒体产业内部，或者说新媒体产业内部也需要融合发展。有学者对 CCTV 和 BBC 的新媒体发展战略做了比较，在新媒体产业内部融合方面，我国较西方发达国家存在一定的差距，比如我国新媒体产业内部各个细分行业各自独立发展、各自为政，各行业之间没有融合一体、协作发展；移动平台上的新媒体业务，如手机电视、移动电视，由于受到各种限制都未能发挥自身优势，不能只追求做一个内容储存库。①

总之，对于整个传媒产业而言，要实现产业的长足发展、维护产业安全、保证整个产业的利益，既要实现传统媒体和新媒体之间的融合发展，又要重视新媒体产业内部发展的互补与融合，真正实现内容上的融合、网络上的融合和终端上的融合，进一步推动整个传媒产业的发展。

（六）人才问题制约移动媒体产业发展

移动媒体产业迅速发展，这一过程正是需要引进高端技术人才并充分发挥其作用的过程。业内专家表示，在未来 3~5 年内，中国数字媒体人才的缺口将达 60 万人之多，其中，网络、动漫、游戏、4G、新闻、编辑、广告、创意、营销等专业的媒体人才和技

---

① 贺涛：《移动互联网背景下中西新媒体发展现状比较——以 CCTV 和 BBC 新媒体发展战略为例》，《东南传播》2012 年第 6 期，第 74~76 页。

术人才需求量较大。[①] 移动媒体产业正处于快速发展时期，促进移动媒体产业发展的根本动力就是数字技术，而科技以人为本，人才是产业之根本，网络化和数字化对移动媒体产业的运营、产品的营销、服务等方面都提出了更高和更新的要求，迫切需要既懂技术又懂传媒的复合型人才，而当前这样的复合型高端人才还远远不能满足产业发展的需求。所以，移动媒体产业必须要解决人才瓶颈的问题，加强人才建设，形成人才引进、人才培养、人才储备机制，建立人才管理机制和激励机制，充分发挥高端人才的作用，加快移动媒体产业的建设步伐。

（七）产业链条中局部环节的高垄断性

先进的技术为手机媒体的传播带来了得天独厚的优势，手机媒体产业的发展具有传统媒体产业难以比拟的独特优势。不过，进步总是伴随着各种问题，作为新兴产业和新兴媒体，手机媒体的发展同样也存在着各种各样的问题，特别是由于其天然具有跨行业性、跨媒体性等特点，手机媒体产业面临的问题也具有其自身的复杂性。这些问题的存在制约着手机媒体的进一步发展。手机本身所具有的特点也带来了一些局限，如相较于笔记本电脑和平板电脑等终端，手机在文字输入、储存及处理方面不具备优势。手机上网资费对手机媒体的发展也造成了障碍。在内容方面，手机媒体传播内容与传统媒体大同小异，缺乏新意。手机媒体的发展也带来了垃圾信

---

① 赵子忠：《新媒体人才需要一专多能》，http://news.sina.com.cn/m/2010 - 11 - 15/114521473391.shtml。

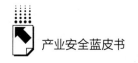

息泛滥、隐私泄露、违法信息传播监管困难等问题。

电信运营商在手机媒体产业中占据着相当重要的地位，然而，电信运营商在整个行业中所具有的垄断性，使得电信运营商在手机媒体中能够主导甚至决定参与各方所提供的服务、技术、内容等能否介入手机媒体。更进一步说，即便相关方能够参与合作提供服务，但参与合作的机制、利润分配规则、服务价格等，更多地受电信运营商的主导。电信运营商在不断发展壮大的同时，在手机传媒产业链中的垄断性表现得也越来越强，这种情况如果得不到改善，将会制约手机媒体产业完全市场化的实现。

（八）产业政策不完善

虽然新兴媒体产业中的手机媒体整体发展较快、前景较好，但由于手机媒体产业的发展历程较短，在发展的过程中各种新问题不断出现。在有关规章制度规范管理方面，适用于手机媒体产业的政策法律条例的制定比较滞后，没有很好地顺应新媒体产业的发展需求，从而使得法律监管的力度大打折扣，进而使得政府及法规没有发挥出对产业发展的引导和规范作用。

现代经济学的发展表明，经济的平稳、健康、有序发展不能完全依靠放任自由的市场经济，必须在市场自发调节之外辅以政府引导和调控这只"看得见的手"。完全依靠市场自发调节的经济发展，容易陷入市场失灵，不利于实现经济的健康发展。当市场失灵的情况出现时，正是政府可以发挥其职能的时候。政府主要借助法律和行政等手段，发挥其对经济的监管和调节职能，从而确保市场上既有充分的自由竞争，又可以在市场失灵的时候扭转局势。

手机传媒产业的迅猛发展先天性地打破了原有的市场格局，融合了传统的市场、管理和行业，呈现出更多的产业融合趋势。而由于国家相关产业政策模糊不清，以及针对手机媒体产业的规范尚未制定出来，现实中的手机媒体产业在发展中存在着明显的行业、管理和市场分割所引起的矛盾，这也使得管理部门的职能混乱以及媒体企业的角色错位。上述情况的存在致使手机传媒产业中的资源配置、业务发展和产业发展的效率降低。①

从整体产业发展的角度来看，我国手机媒体产业已经成为一个新媒体产业，与传统媒体之间有着明显的不同，其发展阶段处于产业化的新阶段。手机媒体的飞速发展，更突出了相关产业政策、法律法规的滞后。

虽然我国已经在 2010 年 8 月 1 日起开始实施手机实名制，但这一政策并未得到完全落实。无论是从全国各地的手机卡号分销商手上，还是在街边报亭，人们都可以以不同的身份证购买到手机卡号；再加上部分用户担心信息泄露，对落实手机实名制不太配合，以及一些非法牟利的人利用先进技术伪装和隐藏身份，导致目前的手机实名制并未得到完全落实。这也为利用手机媒体散布虚假广告、欺诈和垃圾信息的不法分子提供了可乘之机。而垃圾信息和垃圾广告在手机媒体中的流传，会影响到手机用户对于合法媒体广告的态度和认知。另外，垃圾信息的传播也会损害手机媒体行业的公信力，从而冲击产业的赢利模式和可持续发展。

---

① 吴信训：《现代传媒经济学》，复旦大学出版社，2005。

（九）产业管理规范缺失

我国目前对手机传媒产业的监管，主要还是以监管传统媒体产业和电信产业的规范和条例为依据，并没有制定出完全针对手机媒体产业的规章制度，这就导致现实中的手机媒体产业始终处于一种边缘化的状态，造成了监管的不力或滞后。

一方面，由于管理制度缺位，现实中手机媒体产业的发展依靠的仅是自我约束和行业自律，无论是在相关领域的服务、产品还是内容方面，都没有可直接使用的管理规范，这就造成手机媒体业务经营中存在良莠不齐的状况，手机媒体业务在经营中的"越界"行为时有发生，利用监管和法律中的"空白"牟取不当利益的行为，如利用手机媒体传播各种色情信息、赌博信息等非法信息，屡禁不止，其原因与监管方面的滞后和乏力密不可分。2011年在公安部联手工信部等多个部委集中进行的一次全国手机媒体"扫黄打非"整治行动中，有多达上万家的手机WAP网站因涉嫌黄赌毒而被关闭。

另一方面，手机媒体产业的管理规范缺失也不利于产业自身的发展。当手机媒体产业在发展中出现问题时，我们没有可以借鉴或依据的法律规范去仲裁；也由于缺乏对政府和手机媒体产业之间的权责划分，手机媒体随时面临着被任意处置的风险。

在产业管理机制方面，我国手机媒体产业的管理介于多个部门之间，这些部门分别是国家新闻出版广电总局、文化部、工信部等，多部门共同治理也意味着缺乏有效的集中管理。在我国长期以来的实践中，印刷出版和报刊类行业是由国家新闻出版管理部门监管的，电视广播则是由广播影视行政部门监管的，手机和互联网行业由工信部管理。而新兴的手机媒体产业融合了多种媒介，横跨了多种产业和领域，在内容和服务方面涉及多领域的交叉，在这种情况下，以往界限分明、各个产业独立管理的体制难以很好地监管新媒体产业，这就造成了管理的失灵。

一方面，针对传统传媒产业制定的管理体制不能完全适应手机媒体产业精细化、多元化的管理要求，另一方面，现行管理制度往往是由不同部门实施的，这就容易引起个别部门的部门保护主义，容易造成不同部门在管理过程中的矛盾。而这方面的冲突在现实中出现过，如在审批管理权方面，由于电信业和电视广播业需要相互准入，结果就出现了电信管理部门和国家新闻出版广电总局之间的管理权之争，结果就是为对方进入造成障碍，致使行业发展和市场出现分割态势，延误了后续"三网融合"的推进。

总之，存在于手机媒体产业管理中的条块分割，没有顺应新媒体产业发展的需求，造成了行业壁垒森严、多部门管理无序、市场和行业被过度分割以及资源配置效率低下等问题，从而也弱化了手机媒体产业的竞争力，带来了各种无序竞争和重复建设、部门之间联系松散等问题，凡此种种，都制约了产业的发展和壮大。

对于任何产业而言，统一的技术标准都是促进上下游产业及整个产业链形成合力、提高产业效率、整合资源的关键所在。然而遗憾的是，我国的手机传媒产业还没有形成统一的技术标准，用以带动整个产业的发展。虽然在手机游戏、手机支付、手机出版、手机电视、手机动漫等领域，我国也开始着力制定业内标准，不过，到目前为止还需付出更多的努力，才有望形成一套普遍适用、层次清

晰的标准体系。为了促进产业发展，当务之急是促进关键性和基础性标准的形成，以免由于关键标准的缺位导致同其他标准的竞争和冲突，从而造成资源浪费和产业内耗。手机电视这一传媒产业中的重点业务就曾因产业标准方面的问题而被延误过。在更早的时候，数字电视也因产业标准缺失而发展遇阻。

手机媒体产业中的监管缺失问题还表现在以下几个方面。

一方面，资费价格监管缺失。移动运营商的垄断性经营使其在手机媒体产业链中处于主导地位，进而使其在媒体服务和内容方面可以收取高额的资费。定价过高，特别是在收看手机电视或手机电影时收费过高严重影响了用户体验。在手机媒体产业中，还没有任何机构或者规章能起到监督或约束移动运营商定价行为的作用。事实上，移动运营商在向手机媒体用户收费时，所采用的方式一般是以流量消耗的多少为依据进行收费的，而对于手机用户而言，往往难以科学地估算流量的消耗情况。与此同时，流量还存在被盗用的情况，而一旦用户流量被盗用，运营商既不解释也不承担后果，只能是用户自己承担损失。

另一方面，对手机作品著作权侵权行为的监管制度不完善。手机媒体中传播着难以计数的手机音频、文学、动漫等作品，而这些作品的著作权人应有的权利和音像图书出版部门的合法权益却难以得到保障。在手机媒体中，模仿、滥用、转载各种手机音视频、动漫、文学作品的现象十分普遍，由于缺乏有效的管理办法，作品著作权人和出版社的权益受到侵犯，而不法侵权的一方却往往不需要承担任何后果。这一问题亟须得到解决。现行的对手机媒体内容和服务的审查监管十分模糊，在具体的监管过程中，没有确定到底是由国家新闻出版广电总局，还是由电信管理部门、电信运营商来负责监管。

（十）手机媒体产业过度市场化

在我国，手机传媒产业的发展进程不同于传统的媒体产业。传统媒体产业的发展在过去很长一段时期内，都受制于国家的政策限制，只有在经过艰难的体制改革之后，媒体产业的经济属性才得以凸显，媒体产业的经营模式才由原来的事业单位转向了企业化经营，由享受政府拨款发展到在市场大潮中自负盈亏。在传统媒体产业的发展进程中，政府发挥着积极的引导作用。手机媒体产业的发展恰值传媒产业市场化的阶段，加之手机具有新颖的传播形式和先进的技术和媒介形态，使得新兴媒体产业面临着市场化的机制和资源配置方式，产业需要依靠自发的探索和实践来寻求快速成长。当然，如果在这一过程中不能适应手机媒体产业部分产业链上的高垄断性、较高程度的市场化以及政府引导比较滞后等问题的话，一部分企业的发展也会受到制约，形成一些畸形发展的现象。

过度的市场化在我国手机媒体产业发展过程中随处可见。无论是在资本趋利、媒介融合大潮的引导还是在市场化需求的驱动下，手机媒体市场基本上处于一种自由放任的状态，手机媒体产业的市场行为和扩张规模很少受到规范的限制，由此催生了一系列的问题。这些问题包括媒体内容重合和雷同程度高、缺乏差别化经营等。从全国范围来看，无论是手机视频、手机杂志，还是手机报，各级各类手机媒体的内容和服务大同小异，缺乏新意。

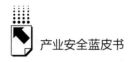

二 维护移动媒体产业安全的对策建议

（一）加强移动媒体产业的内容安全

为了保障移动媒体产业的内容安全，可以从以下几个方面着手。

首先，内容资源需要精耕细作，准确、及时、高效地发布。用户每天接触最多的是手机媒体，每天早晨起床就会看手机新闻，每天乘坐交通工具出行时会频繁地接触到地铁类移动媒体、公交类移动媒体，以及出差时会接触到列车类移动媒体、航空类移动媒体，所以，准确无误、稳定快速地发布符合要求和规范的内容资源是促进移动媒体产业安全发展的重要一步。

其次，提高内容质量至关重要。当今传统媒体纷纷向移动媒体转型，传统媒体移动化步伐加快，各种媒体形式都使出浑身解数扩大移动传播平台，通过手机 APP、微博、微信等方式进行传播，但是内容质量参差不齐。因此，要提高移动媒体内容的整体水平，强化特色发展，避免内容的同质化，在内容上严格把关，对于一些无实质意义、可上可不上的内容，选择不上；对于一些陈旧的内容，及时进行更新；对于一些浮在表面、缺乏深度分析的内容，要进行深度解析，增强移动媒体内容的服务功能，并使其能够与用户进行很好的互动。

再次，确保移动媒体内容正确的导向性。一方面移动媒体用户数量巨大，另一方面移动媒体应用范围广，用户与移动媒体接触频率高。所以，移动媒体内容的正确性对于社会舆论具有导向作用，在信息可以分分秒秒被无限次传播的今天，移动媒体内容正确的导向性有利于社会的稳定与安全。

最后，应加强对未成年人权益的保护，严令禁止在公共场合播放不适宜儿童观看的内容。

（二）加强移动媒体产业版权安全

侵权行为未能得到治理是制约移动媒体产业安全发展的一大瓶颈，严重影响到移动媒体产业的安全发展。必须加快版权安全体系的建设，加强对移动媒体产业的版权管理。第一，要加强行业监管，建立严格的审查制度，将移动媒体产业的监管常态化，定期进行执法检查；第二，营造良好的版权发展环境，维护良好的版权发展秩序，积极响应打击侵权违法行为，提高侵犯版权的成本；第三，完善法律法规，以法律手段保护正当的知识产权；第四，提高版权的保护技术，以维护移动媒体产业安全发展的良好秩序；第五，移动媒体企业应该主动承担起相应的社会责任，严格遵守国家的法律及各项规章制度，保障著作权人合法利益不受侵害，共同抵制盗版等不法行为，共同促进移动媒体产业安全发展。

（三）加快推进产业融合

根据2014年12月《关于推动传统媒体和新兴媒体融合发展的指导意见》以及习近平主席的讲话，推动传统媒体与新媒体的融合发展，要遵循新闻传播规律和新兴媒体发展规律，强化互联网思

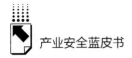
维,坚持传统媒体和新兴媒体优势互补、一体发展,坚持以先进技术为支撑、以内容建设为根本。[①] 在当今全球化的背景下,传统媒体和新媒体的融合,既要立足于国内产业发展的环境,更要放眼全球,用国际化的视野开拓产业融合的运作思路,充分利用国际、国内两种资源,线上、线下两种资源,以及政策资源,依托丰富的内容资源,实现传统媒体和新媒体的融合发展,实现发展主体、层次结构等真正的融合。

(四)加快移动媒体专业人才培养

首先,要从大学教育入手。大学教育的根本宗旨就是培养最终能够服务于社会的人才。对于开设新媒体专业的高校而言,首先应充分调动学生的积极性,培养学生在新媒体方面的创新意识和创新思维,提高学生在专业方面的创新能力,教授学生创新工具和创新方法,设置专业性强、互动性强的课程或者实践,培养学生新媒体专业所需要的职业敏感性,以适应不断变化的新媒体行业发展的需要。其次,对于新媒体行业的从业人员,要定期进行行业培训,邀请专家、学者、行业内的领军人物到企业内部进行讲座,通过培训与学习交流提高从业者的自身能力。最后,新媒体从业人员还应到同业单位进行学习考察,提高自身素质,如果有必要,企业还可以定期派优秀人员到国外进行交流学习,以开阔视野,为我所用。

---

① 济生:《传统媒体与新媒体融合发展的宏观思考》,http://www.cssn.cn/xwcbx/xwcbx_gcsy/201412/t20141218_1448386.shtml。

（五）加强手机媒体中的舆论监管

目前手机媒体机构数量庞大，各种媒体平台为用户交流提供了公共话语空间，公众舆论借助手机媒体的推动也开始在社会中发挥作用。但由于在手机媒体上发布信息的门槛极低，一些不法分子利用手机媒体散布各种非法信息，因此，为了国家的安定团结，需要政府积极发挥对媒体舆论的引导作用。但需注意的是，当不法言论在社会上传播时，简单地关闭或限制媒体平台或论坛的做法，不但无助于问题的解决，甚至可能适得其反。

（六）培养手机媒体发展所需的后备人才

一个产业的发展与人才队伍的质量存在密切的关系。对于手机媒体产业而言，专业人才队伍匮乏是当前所面临的一个严重问题。由于手机媒体产业发展历程较短、发展速度快，目前来看媒体产业中的许多从业人员都是从其他行业转入的，如从传统媒体行业或电信行业进入新兴的手机媒体产业，虽然这些行业也都与手机媒体有关，这些从业人员也都在技术或传媒领域具有经验积累和资源优势，然而他们的知识结构有所欠缺，存在短板。手机媒体产业的发展需要的是完全意义上的复合型专业人才。而现有的人才队伍结构不合理所造成的结果是一些手机传媒机构难以形成科学的管理体系和媒体内容采编体系，难以驾驭不断更新的创新体系，这也造成了我国手机媒体产业一定程度的同质化、缺乏创意、服务应用发展滞后等问题。

整体来看，目前我国手机媒体产业发展中最为缺乏的人才主要

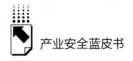
集中在以下三个方面。首先，手机传媒专业化采编制作和开发人才严重缺乏。手机传媒产业市场需求还在持续发展，而随着市场的进一步细化，用户需要的产业内容、产品服务将会更加精细化，这客观上也要求手机传媒领域的采编人员和应用技术开发人员的素质越来越高。从目前的情况来看，一方面是新媒体产业从业人员、后备人才的严重不足，另一方面是传统媒体行业从业人员的过剩和人才需求的饱和。其次，手机媒体产业专业化经营管理人才严重缺乏。手机媒体企业和机构的扩张也意味着需要一支专业化的经营管理人才队伍，能够胜任创新型、跨行业、市场化的新媒体产业的要求，既具备通信业的常识，又掌握媒体产业经营发展的规律，能够带领手机媒体产业在瞬息万变的市场浪潮中适应环境。最后，手机媒体产业严重缺乏复合型人才。手机媒体产业与其他产业之间的不断融合，也意味着该行业需要的是复合型人才。

专题报告

Subject Reports

B.4

大数据技术对新媒体产业
安全与发展的影响

孙玉权*

摘　要： 　　数字信息技术的不断进步，带来了新媒体产业的产生与发展，同时也产生了海量的数据。传统的数据处理技术已经不能很好地适应海量数据的存储与计算需求，因而人们发明出新的技术、方法以应对新的挑战，并将其命名为大数据。

新媒体产业在发展中也产生了海量数据，对大数

＊ 孙玉权，北京交通大学中国产业安全研究中心博士后。

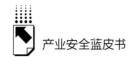

据技术也有着迫切的需求。新媒体产业在使用大数据的过程中，开发出了新的发展领域，比如实时广告系统、观众兴趣挖掘、数据新闻学等。这些新的媒体领域不仅给消费者带来了更好的视听内容和消费体验，也给新媒体产业带来了更多的产值和利润。

我国新媒体产业中的三大巨头——百度、阿里巴巴、腾讯（BAT）对大数据技术的应用最多，对大数据技术发展的贡献也最大。但是，同国外的顶尖企业（如亚马逊和谷歌）相比，我们在技术上还存在一定的差距。大数据技术的不足与落后，会给我国新媒体产业带来安全上的风险，也会制约产业的发展。但是，如果能够抓住大数据发展的机遇，针对自身的需求特点开发出相应的新兴技术，则有利于我国新媒体厂商摆脱对国外软、硬件的依赖，实现技术上的独立自主。

关键词：　大数据　新媒体产业　产业安全

新媒体的产生是建立在数字信息技术发展基础之上的，而数字信息技术的发展，又催生了另一个技术领域——大数据技术。从字面意义上讲，大数据包含两个信息，一个是"数据"，一个是"大"。之所以包含"数据"这个信息，是因为数字信息技术使得任何在互联网上的通信、计算和操作都是以数字的方式进行的。之所以包含"大"这个信息，是由于互联网行业不断发展并与各个行业深度融合，使得计算机需要收集和处理的数据快速增长，某些行业领域的数据增长之快、数据量之大，已经超过了单一计算机在可接受时间内的处理能力。这使得人们不得不发展新的技术来处理这些快速增长的数据，由此业界发展出新的技术领域——大数据技术。

一　新媒体产业中大数据技术的发展

（一）大数据的概念与特点

目前对大数据比较一致的定义是：大数据是指无法在一定时间内用常规软件工具对其内容进行抓取、管理和处理的数据集合。IT界的"蓝色巨人"——IBM公司对大数据进行了深度剖析，总结出关于大数据的"4V"理论，即大数据的特点可以归结为以下四个词。

大量（Volume），数据量大。随着互联网和物联网的发展，越来越多的人类活动可以被数据进行定义和描述，由此带来了数据量的急剧增长，并且这种增长呈现指数增长的特征，是一种爆炸式的增长。

多样（Variety），数据格式种类多。以往的数据多是结构化的数据，便于存储和利用。而新的数据来源带来了很多的非结构化数据，比如日志、音频、视频、图片、地理信息等，这些数据的处理需要更好的处理方法和更快的计算速度。

快速（Velocity），实时处理和快速响应。快速响应是大数据提

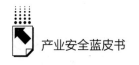

出的新要求，最具代表性的业务是搜索引擎。在海量的互联网数据中寻找到符合要求的信息，是最新的技术制高点。

价值（Value），数据包含价值。单个的数据价值较低，但是数据量大到一定程度后，就可以挖掘出非常有用的价值。例如，谷歌公司利用搜索数据成功预测了"非典"的肆虐。

什么样的数据是大数据？这里列出了度量数据大小的单位。

1Bit 表示一个 0 或 1

1Byte = 8Bit

1KB = 1024Bytes

1MB = 1024KB = 1048576Bytes

1GB = 1024MB = 1048576KB = 1073741824Bytes

1TB = 1024GB = 1048576MB = 1099511627776Bytes

1PB = 1024TB = 1048576GB = 1125899906842624Bytes

1EB = 1024PB = 1048576TB = 1152921504606846976Bytes

1ZB = 1024EB = 1180591620717411303424Bytes

1YB = 1024ZB = 1208925819614629174706176Bytes

随着数字化信息的发展，人类产生和储存的数据量呈现爆发式增长。2000 年，数字存储信息只占全球数据量的25%，75%的信息存储在报纸、书籍、胶片、磁带等媒介上。到 2007 年，人类共存储超过 300EB 的数据，其中数字数据占 93%。2012 年，全球的数据量达到约 2.8ZB，其中 99% 以上都是数字数据。预计，到 2020 年，全球数据资料的存储量将达到近 40ZB（见图 1）。

与大数据同时诞生与发展的，是云计算（Cloud Computing）技术。云计算是指将计算任务从本地或远程服务器转移到大量的分布

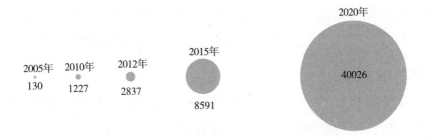

图 1　世界数据量的增长（单位：EB）

式计算机上，从而使计算能力也成为一种商品和资源，可以进行买卖和流通。一方面，大数据以云计算为支撑。面对海量数据，如果提取、处理和利用数据的成本超过了数据价值本身，那么有价值也相当于没价值。而云计算的强大运算能力，则有助于降低提取、处理和利用数据的成本。另一方面，大数据也在拉动云计算的发展。随着数据量的快速增长，云计算发展出公有云、私有云、混合云等形态，越来越多的企业级云计算服务正被推向市场。

艾瑞网预测，随着互联网、物联网、云计算的发展以及相关应用的日益丰富，大数据技术的未来发展前景将更为广阔。

（二）国外主要新媒体企业大数据技术的发展与应用

国外的新媒体企业有几大巨头，分别是亚马逊（Amazon）、谷歌（Google）、推特（Twitter）、脸书（Facebook）等，它们都不同程度地使用了大数据技术。但是若讨论对大数据技术发展有杰出贡献的，则亚马逊和谷歌值得称道。

1. 亚马逊

在美国，亚马逊是网购第一巨头，eBay 和其他电商所占的比

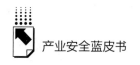

例远小于亚马逊。亚马逊最初以销售图书和音像制品起家，但现在的亚马逊已经成为一家拥有海量数据并提供云计算服务的企业。在大数据技术快速发展的今天，亚马逊已经成为数据和计算的领跑者，已经将传统的 IT 巨头（如微软、IBM 等）甩下一大截距离。总的来说，亚马逊的优势主要体现在以下三个方面。

（1）用户信息的收集

在 2011 年，亚马逊就成为全球范围内用户数量最多的零售网站，其当年独立用户达到 2.822 亿人，占全球独立用户总数的20%，远远超过沃尔玛和苹果。这为亚马逊收集用户数据带来了得天独厚的优势。

从用户数据的采集上来看，除了每个独立用户的注册信息之外，他们搜索了什么、看了哪些产品的详细介绍、在相关页面上停留了多久、比较了哪些相关产品、最终购买了什么产品，都会被亚马逊记录下来。基于这些数据的采集，亚马逊会针对用户行为习惯、兴趣爱好、购物偏向和潜在需求等进行深层次挖掘。统计分析的结果会为亚马逊的促销与广告提供依据。

（2）网络广告

2011 年，亚马逊推出了广告网络服务。即亚马逊购买其他网站上的广告位，再以一定的溢价向其他企业的营销人员销售这些广告位。相比于其他的广告网络商，亚马逊是一个购物平台，它有消费者购物时记录下的数据，能更好地了解消费者的喜好，从而使其网络广告服务更有价值。虽然此前亚马逊也销售广告位，但仅限于亚马逊自己的网站，而现在亚马逊销售的广告位也包括第三方网站了。

亚马逊广告网络服务的整个业务运作流程如下：亚马逊汇总买家的浏览数据，然后划定潜在的营销对象群体；接下来，与亚马逊合作的广告技术公司 Triggit 会追踪这些用户离开亚马逊网站之后的浏览去向；一旦获得用户的浏览记录，Triggit 就自动买下用户浏览的广告位。亚马逊再将这些广告位整理并出售给那些有意向的其他网站的销售人员，并据此赢利。

根据麦格理集团 Macquarie 公司估算，亚马逊零售业务的利润率为 5%，但是在线广告的利润率却高达 20%～30%。调查结果显示，亚马逊 2012 年的全球广告收入约为 6.1 亿美元，同比增长45.5%。而 2013 年的广告收入比 2012 年增加 36.9%，达到约 8.35亿美元。预计亚马逊 2015 年的广告收入将在 11 亿美元以上。

（3）云计算的领军者

亚马逊在 2002 年便成立了网络服务部门（Amazon Web Services，AWS），开始销售亚马逊的存储、计算和数据处理能力，这便是"云计算"的雏形，4 年后谷歌才提出"云计算"的概念。电子商务有一个特点就是客户的使用时间不均匀，会形成巨大的高峰和低谷，而亚马逊的 IT 架构留出了巨大的冗余，以保证高峰时期系统的正常运行。但是除了在高峰时期，亚马逊的大部分计算资源都处于闲置状态，于是亚马逊将它们打包出售以获得收益。

亚马逊的云计算业务数年来不断扩张，如今的亚马逊云计算部门已经是世界上最大的服务提供商，向成千上万的公司提供 AWS业务。使用者几乎遍布世界的每一个角落。美国宇航局、美国国务院、西门子、辉瑞和纳斯达克等多家知名机构都是亚马逊云计算服务的使用者，亚马逊已经成为实际意义上的云计算领跑者。

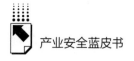

2. 谷歌

谷歌是一家靠搜索引擎起家的公司，现在已经成长为一个科技巨头，涉足了当今绝大多数的互联网科技项目。早在 2003 年，谷歌就发表了三篇论文，[①] 开启了大数据时代，也构建了大数据技术的基本框架。谷歌搜索引擎是当今世界上使用最广泛的搜索引擎，它记录了海量用户的搜索行为，谷歌可以以此为基础进行深入挖掘，这对于谷歌提升搜索服务水平和开发新产品有着极大的帮助。事实上，谷歌已经开始用大数据对世界的许多方面进行预测，包括世界杯、流感、电影票房等。

2012 年，谷歌的 BigQuery 服务上线，互联网用户均可免费使用或者购买这项服务。免费账号可以访问 100GB 的数据，付费用户则可以使用更多。

BigQuery 是谷歌推出的一项 Web 服务，用来在云端处理大数据。该服务让开发者可以使用谷歌的架构来运行 SQL 语句对超级大的数据库进行操作。BigQuery 允许用户上传他们的超大量数据并通过其直接进行交互式分析，从而不必投资建立自己的数据中心。谷歌曾表示 BigQuery 引擎可以快速扫描高达 70TB 未经压缩处理的数据，并且可马上得到分析结果。大数据在云端模型方面具备很多优势，BigQuery 服务无须组织提供或建立数据仓库。而 BigQuery 在安全性和数据备份服务方面也表现得相当完善。

---

① 谷歌三篇大数据论文为：*The Google File System*，*Map Reduce: Simplified Data Processing on Large Clusters* 和 *Bigtable: A Distributed Storage System for Structured Data*。

（三）国内主要新媒体企业中大数据技术的发展与应用

总体上来说，国内企业在大数据技术方面，已经落后于国外先进企业。但是国内的互联网企业也已积累了一定技术实力，人们普遍看到的就是百度、阿里巴巴、腾讯这三大巨头。这三大巨头中，百度（Baidu）圈流量，阿里巴巴（Alibaba）圈产业链，腾讯（Tencent）圈用户，各自拥有无可替代的核心优势。

1. 百度

百度的数据以搜索数据为主。据 2013 年 4 月的统计数据，百度有 4.2 亿的月度覆盖人数，183 亿的月度搜索请求量，517 亿的月度浏览页面。百度对数据的分析主要基于用户的搜索历史、点击历史、访问过的链接和页面以及当下的搜索关键词，以此来推断用户的需求。百度的海量数据的特点是较为庞大、类型单一、与网民当下的需求较为贴近。

2014 年 4 月，百度在其第四届"技术开放日"上正式宣布推出"大数据引擎"，主要包括三大组件——开放云、数据工厂和百度大脑。

（1）开放云

相比以往的百度云，大数据引擎的开放云主要面对有大数据存储和处理需求的"大开发者"。百度的大数据引擎使用了 1.2 万台的单集，并且大规模使用了 ARM 架构，而 ARM 架构的特点就是低能耗而高效能。除了大规模使用 ARM 架构，百度还大量使用了 GPU（图形处理器），这些都使得百度的服务具有 CPU 利用率高、弹性高、成本低的特点。

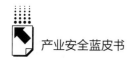

（2）数据工厂

开放云是基础设施和硬件能力，而数据工厂是软件能力。数据工厂工作的功能类似于数据库软件，但是数据工厂更擅长 TB 级以上的大数据，这是传统数据库软件无法处理的。数据工厂还支持 SQL-Like 以及更复杂的查询语句，其技术在业界处于领先地位。

（3）百度大脑

一般来说，程度＝数据结构＋算法。数据工厂对应数据结构，百度大脑则对应各种复杂的算法。目前百度大脑已经能够模拟两至三岁小孩的智力。

百度大脑在人工智能领域有着极深厚的技术积累，对于机器学习和深度学习有着杰出的贡献。百度大脑的技术主要被用于语音、图像、文本识别以及自然语言的语义理解。百度大脑充分利用了百度硬件和软件的优势，其深度神经网络拥有 200 亿个参数，规模处于全球领先地位。

2. 阿里巴巴

阿里巴巴集团（以下简称阿里）经营多元化的互联网业务，在中国建立了领先的消费者电子商务、网上支付、B2B 网上交易市场及云计算业务。它的旗下有淘宝网、天猫、聚划算、一淘、阿里云计算、支付宝等公司，为中国广大消费者提供了便捷的电子商务服务。

阿里拥有的数据主要是交易数据以及信用数据，其特点在于数据覆盖了从浏览到购物到支付的整个行为链，对于电商营销具有较强的针对性和指导性。阿里对于大数据的应用在金融方面取得了良好的效果，在营销方面也陆续推出了数据魔方、淘宝指数、聚石塔等数据产品，从不同维度对数据进行挖掘和分析，其最终目的在于建立数据交易平台，使阿里成为数据集散中心。

阿里推出的大数据产品有以下几种。

（1）淘宝指数

淘宝指数是淘宝在 2011 年底推出的免费消费者数据研究平台。其数据来源为用户在淘宝网、天猫上的搜索行为以及淘宝网、天猫的后台成交明细数据。淘宝指数提供市场趋势分析（包括搜索词的搜索、成交趋势及人群特征）、市场细分分析（包括搜索词的类目分布、近一个月成交人群的特征，以及特定人群的购物偏好），以及类目、子类目及品牌排行榜。淘宝指数从消费者角度分析数据，协助卖家了解淘宝搜索热点、查询成交走势、定位消费人群、研究细分市场。

（2）数据魔方

数据魔方是淘宝于 2011 年 4 月上线的一款数据产品。它主要向淘宝卖家提供信息服务，主要包括行业分析、品牌分析、产品分析、属性分析、淘词分析、流失顾客分析以及自有店铺分析等服务。这些数据以标准化、定制化的方式呈现，并且每分钟更新一次，最终目的是为卖家制定营销策略提供支持。

（3）聚石塔

聚石塔是天猫携手阿里云、万网于 2012 年 7 月推出的一个商业数据云平台。它主要为天猫、淘宝平台上的电商及电商服务商提供 IT 基础设施和数据云服务。当前，聚石塔主要提供弹性托管服务、数据存储服务、数据同步服务、数据集成服务以及云监控服务

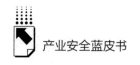
等数据云服务。阿里的最终目的在于通过聚石塔整合其旗下各个平台的数据资源，汇集整个电商生态链所有环节的数据信息，最终将其打造成为数据交换平台，实现阿里生态系统内各个服务商的数据互通和互换。

3. 腾讯

与拥有搜索数据的百度及拥有交易数据的阿里相比，腾讯主要拥有社交数据，其来源就是腾讯微博、微信和 QQ 等社交产品。其数据内容包括用户社交关系等显性数据，以及用户浏览、用户点击等隐性数据。简而言之，腾讯拥有的是基于社交和兴趣图谱的用户数据。同时，相较于百度和阿里，腾讯拥有的产品线更为全面，依靠 QQ 账户可以打通腾讯各产品平台间的数据，从而更完整、更全面地整合用户数据，有针对性地实现个性化营销。

腾讯的数据主要来自以下渠道。

①QQ：月活跃用户超 8 亿人，最高同时在线 1.9 亿人；在线人际关系链超 1000 亿条。

②微信：月活跃用户超 3.5 亿人；日均消息量超 50 亿条；

③空间：月活跃用户超 6 亿人；日均相册上传超过 4 亿张；日写操作总数过 10 亿次；

④游戏：腾讯游戏月活跃用户 4.5 亿人；手机游戏月活跃用户近 2 亿人；

⑤网站：日均浏览量电脑侧超 17 亿次，手机侧近 13 亿次；日访问用户量电脑侧近 1.3 亿人；手机侧近 8000 万人。

腾讯有着大量的用户社交数据，利用这些数据，腾讯可以实现以下四个方面的应用。

1. 用户画像

通过数据，腾讯可以了解用户的喜好、背景甚至内心潜在的需求，也可以了解消费者的各种消费习惯和消费偏好。当了解了用户的很多偏好、属性之后，就可以为用户画出虚拟的画像，也就可以实现精准的营销。

2. 精准营销

腾讯依据用户的资料，可以根据年龄、性别、地域、收入等对用户进行聚类分析，找到具有相同消费偏好的用户群。广告企业则会利用腾讯的分析结果，找到合适的目标消费群体，展开针对性的营销。

二 大数据技术对新媒体产业安全与发展的影响

（一）大数据技术带来新媒体产业的变革

新媒体是基于数字技术的。一方面，数字信息可以在不同的媒介中无障碍地传播，这就打通了不同的媒体渠道，实现了一个统一的平台。另一方面，数字技术也使新媒体具有互动性，用户的任何操作都可以被记录下来并上传到数据中心，这样服务提供商就可以收集到更多的用户信息，从而提供更加快捷、高效、个性化的服务。大数据技术为新媒体产业带来的变革包括以下几个方面。

1. 大数据技术改进了电视收视率的调查方法

一般来说，传统的电视收视率调查方式主要有三种。①电话询问法。电话询问法是指利用电话沟通的方式，询问正在收看电视的

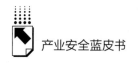

居民所收看的节目。②日记法。日记法是按统计方法抽取一定量的家庭，由家庭成员各自填写收看电视的历史记录，然后将收集上来的记录统一处理。③仪器测量法。仪器测量法是指导工作人员将收集电视播放信息的仪器安装到居民家中，由仪器自动收集居民收看电视的情况，并自动上传到数据处理中心。以上传统的调查方法都有一定的局限性，比如电话询问法受当时情境和人员心态的影响很大，不够客观。日记法非常依赖记录者的记忆，准确性较低。仪器测量法由于必须入户安装特殊仪器，成本高而且效率低。

利用数字技术进行收视率统计，则完全克服了上述诸多缺点。数字软件会记录下用户的一切动作，比如上线时刻、切换频道的时刻、频道观看时间、下线时间等，并可以将这些时间节点精确到毫秒。在收集了每一个用户的信息后，服务提供商就可以将这些数据汇总、整理、计算，可以得到许多通过传统方法所不能得到的收视率调查结果。比如可以得到点播用户和直播用户的数量对比、某节目的收视率、某个时段的收视分布、某节目点播次数、某频道受众比例变化等。基于数字技术调查得到的收视率，不仅具有较高的准确性、时效性和灵活性，而且能大幅减少成本。

基于大数据技术的收视率调查的优点表现为以下几个方面。

（1）准确收视统计，提供决策参考

新的电视收视率调查方法可以更准确地统计出收视率的众多细分指标。与传统的估算不同，新的收视率的统计是建立在对总体的分析而不是传统的抽样样本基础上的，这样统计得出的指标更为精确。准确的收视率可以更好地反映一个节目的质量水平和受欢迎的程度，也可以帮助传媒工作者更好地把握观众的喜好和流行趋势，同时也为广告商确定广告时间和价位提供了参考。

（2）收视偏好分析，客户分群关怀

对于客户的收视行为，可以通过对客户的收视内容、习惯偏好、观看时长和增值消费等多项数据的分析，对客户进行画像并施以不同的关怀措施。比如生成个性化的点播点、定制针对性的节目推荐，也可以根据不同用户的消费偏好和消费水平，进行有针对性的推送和营销。

（3）描述观众属性，分析节目价值

丰富的数据为研究电视节目的多元价值提供了可能。通过对收视率的调查也可以得到观众属性的相关信息，包括性别、年龄、居住地、学历、工作性质、浏览习惯等。通过将这些数据与节目的播放数据联系起来，可以得到电视节目受众群体的属性，进而分析电视节目的多元价值。

2. 大数据技术改进了广告投放的精准度

在收集到足够的消费者信息后，大数据能够实现对消费者的精准化、个性化的营销。互联网上充斥着各种各样的信息，其中有四种信息可以帮助我们深入了解消费者：①即时数据，即消费者搜索的关键词等信息；②行为数据，即购物行为、浏览偏好等；③社交数据，即社交网站、软件上的人脉关系；④属性数据，即所在地域、性别、年龄等。通过这些数据的收集，可以大致勾画出一个陌生网民的网络面孔，再通过对个人用户身份的识别，就可以在不同平台、不同终端中辨识出同一消费者。在了解了消费者的属性之后，可以根据其所在地域、需求偏好、社交关系等特点实施广告的定向推送，从技术上实行跨平台、跨终端的广告推送。跨平台中的

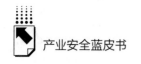

"平台",是指推送广告的软件平台,包括搜索引擎、电商网站、门户网站、视频网站、微博、微信、社交网站等。跨终端中的"终端",是指用户用于上网的硬件终端,包括 PC、智能手机、平板、互联网电视、可穿戴设备等。

最终将这种互联网营销实现的手段之一就是实时竞价广告(Real Time Bidding,RTB)。RTB 实时竞价系统是一种利用第三方技术在众多网站中针对每个用户的展示行为进行评估以及出价的竞价技术。其基本原理是当用户发出页面访问请求时,后台会推测出用户的身份和喜好,然后由所有接入需求方平台(Demand-Side Platform,SDP)的代理方进行竞价,出价最高者可以把广告投放到用户请求的页面上,而这整个过程会在 0.1 秒之内完成,用户不会有任何感觉。从效果的角度来看,就是在同一页面中,不同消费者所看到的广告内容会有所不同,比如关注美妆的女性消费者可以看到化妆品广告,而关注数码信息的男性则可以看到数码产品广告。

通过更有针对性地向目标消费者投放相关广告,RTB 还可以有效提升广告转化率。广告转化通常有两种形式。第一种是点击转换,即直接通过消费者点击链接实现转化;第二种是曝光转换,即消费者当时并未点击,而是事后产生搜索行为,从而实现转化。通常广告主非常关注广告转化率,而 RTB 可以根据大数据运算有效提升点击转换和曝光转换效率。

现阶段,美国已经有一半以上的广告来自 RTB,并且有超过50% 的世界 500 强企业也正在通过 DSP 投放 RTB 广告。RTB 正在快速蚕食传统广告市场。据预测,目前全球互联网展示广告的市场规模大约为 200 亿美元，到了 2015 年，此规模将达到 500 亿美元，其中 50% 的展示广告将通过 RTB 模式完成。调查显示，最近 5 年来，美国 RTB 广告的复合年均增长率达到 70%。

RTB 在国外早已兴起，但在中国应用比较晚。2012 年 4 月中国互联网企业首次使用 RTB，因此 2012 年也被业内称为 "RTB 元年"。然而仅仅用了半年多时间，在 2012 年末，人们惊讶地发现国内的 RTB 市场竟已超过 7 亿元。而且目前中国的 RTB 市场呈现爆炸式发展，预计到 2016 年，RTB 市场将达到 245 亿元。随着 RTB 的发展，人们的认识也在逐渐改变。在 2012 年，国内仅有 8% 的企业愿意尝试投放 RTB 广告，但是在 2013 年，约有 29% 的中国企业表示愿意投放 RTB 广告，而且这个比例仍在快速增长。RTB 应用的领域也在不断扩展，从最初的电商领域，到后来的酒店、游戏、日货、医药、金融等行业，RTB 的辐射范围越来越广，无论是行业巨头还是中小企业，都表现出对 RTB 的浓厚兴趣。

3. 大数据技术帮助分析电影观众的品位

2013 年 2 月，美国 Netflix 网站上推出电视剧《纸牌屋》，受到了极大的欢迎，同时 Netflix 公司一季度的营收达到了 6.38 亿美元，为历史同期最高。在 2014 年 2 月《纸牌屋》第二季播出时，宽带数据公司 Procera 发布的一份报告显示，有 16% 的观众在上线后的 24 小时之内至少观看了一集，与 2013 年第一季播出时的 2% 相比，提升了 7 倍。与此同时，Netflix 公司的股价从 2013 年开始一路飙升。该公司财报显示，公司 2013 年四季度营收达到 11.75 亿美元，比上年同期的 9.45 亿美元增长了 24%；净利润达到 4800 万美元，比上年同期的 800 万美元增长了 500%。

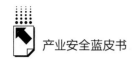

《纸牌屋》的成功，是运用大数据的一个典型案例。Netflix 是美国最大的在线付费视频网站，拥有 3000 多万名用户。通过这些用户的点击行为、搜索行为、观看行为和影视剧评分等资料，Netflix 对用户的喜好和视频选择方向进行分析和预测。为了调查用户的观剧喜好，Netflix 创造了至少 7 万种视频标签来细分已有的视频内容。其分类方法可以用这样的公式概括：影片类型 = 地区 + 主题 + 形容词元素 + 类型片类型 + 演员特性 + 创作来源 + 时间 + 故事情节 + 内容 + 得奖情况 + 适宜观看人群等。Netflix 公司基于用户视频点播中播放、快进、回放、评论、评分、地理位置、终端设备等信息，通过与其他用户数据的类比，推导出用户的喜好和所属人群。

据此，Netflix 发现 1990 年英国 BBC 老剧《纸牌屋》依旧是点播热门，点播该剧的用户群也几乎和网站上导演大卫·芬奇与演员凯文·史派西的粉丝圈重合，于是 Netflix 最终投资 1 亿美元重拍《纸版屋》，并由大卫·芬奇执导，凯文·史派西主演。最终该剧在播出后，受到世界各地人们的欢迎。

中国的视频网站也开始注重对观众数据的收集。中国最大的在线视频网站"优酷"已经推出优酷指数，从中可以看到对各个剧目的剧集分析、人群分析、地区分布等的公开数据。同时该网站也在收集网友的一些收看行为：在哪个地方按了暂停或回放，在哪个地方按了快进等。一切的搜索、评论、转化和收藏都会被记录下来，以便将来向制片方和投资部门提供建议和参考。

4. 大数据技术催生数据新闻学

数据新闻学（Data Journalism）是以数据作为信源或者工具进行数据报道的新兴概念，最早是由阿德里安·哈罗瓦提（Adrian

Holovaty）在 2006 年提出的，随着美国纽约时报、英国卫报等大型媒体机构逐渐建立并实践数据新闻，这一概念迅速在全球传播。由欧洲新闻学中心和开放知识基金会共同主持开发的《数据新闻学手册》对数据新闻学的定义是：用数据报道新闻，它为记者将传统的新闻嗅觉与运用规模庞大的数据信息结合起来报道新闻创造了可能。[①] 我国学者李希光等认为，"数据新闻学或称数据驱动的新闻学，被认为是计算传播学的一个具体应用。通过挖掘和展示数据背后的关联与模式，以及丰富的、具有互动性的可视化手段，数据新闻学已成为新闻学的新领域和应用范例，并作为一门新的新闻分支进入主流媒体"。

实际上，在"数据新闻学"的概念明确提出之前，新闻媒体已经开始涉及"计算机辅助报道""精确新闻"等领域，并且做出了一定的探索研究和实践应用。这些概念的共同点就在于包含大量的数据，用数据来传递信息，用数据来提升新闻的实时性和准确性。而这对新闻工作者提出了更高的要求，他们要能通过对原始数据进行筛选、分析、挖掘，将数据中隐含的信息呈现出来。在技能方面则要求新闻工作者学习计算机的相关知识，包括数据抓取、数据可视化、数据挖掘和计算机编程等。

（二）大数据技术给新媒体产业安全带来冲击

1. 大数据加大隐私泄露风险

互联网和物联网在不断地生成数据，这些数据来自传感器、摄

---

① Jonathan Gray, Liliana Bounegru, Lucy Chambers, "The Data Journalism Handbook", http://data. journalismhandbook. org/1. 0/en/2012 – 07 – 18.

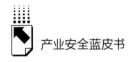

像头、计算机等，记录了用户的一切行为。这些数据在合法的使用范围与传播途径中产生了巨大的商业价值，但是如果数据被非法窃取，则会造成用户隐私的泄露以及财产损失。一些企业拥有大量的用户数据，数据的集中也造成了大量泄露的风险，保障用户数据安全也是保障用户人身安全。然而，目前中国乃至全世界在应当如何保护用户隐私、应当如何制定商业规则、应当如何惩治触犯用户隐私权的行为、应当如何制定法律规范等一系列管理问题方面都大大滞后于大数据的发展速度。可以预见，在大数据业务还没有发展成熟的今天，很多大数据业务是否合法还没有定论，因此很多大数据公司会游走于灰色地带。当大数据的商业运作成熟以后，相关的法律法规和市场规范会逐渐完善起来。

2. 大数据成为网络攻击的目标

大数据不仅体量巨大，而且不乏敏感数据和高价值信息，更容易成为黑客攻击的目标。黑客若攻击得手，会得到比以往更多的回报，这会提高黑客进行违法活动的积极性并相对降低了违法成本。因此会有更多的潜在攻击者走到非法获取数据的道路上来，这也给大数据安全带来了更严峻的挑战。

3. 大数据技术被应用到攻击手段中

大数据目前已被黑客用来向企业服务器发起攻击，已经有黑客开发出基于大数据的自动攻击工具，该工具集成了数十亿安全漏洞、十亿多账号和密码字典，数千万攻击脚本、数万种网站配置信息。在攻击时，只要输入一个网址，该工具就能从数据库中进行比对，发现网站漏洞并进行攻击。

（三）大数据技术落后制约了我国新媒体产业发展

1. 核心技术为外国公司所有

由于我国信息工业和互联网发展得比较晚，一些核心技术一直被国外公司所掌握，我国的相关技术一直处于劣势。在结构化数据时代，国内数据库行业市场被国外企业所瓜分，国内企业只能在夹缝中生存。目前，从大数据技术发展趋势看，Hadoop 平台正日益成为标准，Spark、Steaming 正在发展壮大并成为大数据的新贵。而我国企业在 Hadoop 平台的架构方面贡献非常有限，在 Spark、Steaming 技术方面更是鲜有人问津。从目前的发展趋势看，我国在大数据开发方面落后较大。

2. 互联网标准缺失

互联网是一个高度自由化的群体，任何人的创意都有可能在网络上实现，但这也带来了统一标准的难题。以 RTB 为例，源自欧美的 RTB 广告模式进入中国后业务快速增长，但是无序的增长遇到了标准缺失的障碍。由于各个 RTB 平台各自为政，均有一套自用的广告尺寸标准，广告主需要针对不同的平台设计不同的形象尺寸，从而加大了创意设计、制作和修改的人力与时间成本。于是互联网上出现了统一尺寸标准的呼声，互联网三大巨头 BAT 也参与其中，但是建立起严格的规范并广泛地落实，在高度自由的互联网中还需假以时日。

3. 去"IOE"运动兴起

为了摆脱核心技术受制于人的困境，阿里巴巴于 2012 年发起了"去 IOE"运动。"IOE"中的 I 是指 IBM，服务器提供商；O 是

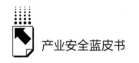

指 Oracle，数据库软件提供商；E 是指 EMC，存储设备提供商。这三个企业提供了一个企业从硬件到软件的整套数据库系统。因为它们稳定可靠，全球大部分知名企业都在使用这套系统，包括中国的石油、金融等重要行业企业。

阿里巴巴最初也是使用这套系统，但是在数据爆炸的时代，这套系统不能很好地适应需求。随着数据的高速增长，IOE 服务维护费也快速增长，仅 Oracle 系统三年的销售价格就高达八位数。而且 IOE 还存在维护时间的问题，比如淘宝和天猫在 2014 年"双11"一天的在线交易额达到 571 亿元人民币，这期间如果服务因某一故障而暂停，这时再找 IOE 的厂家来维护，起码要半天时间，损失的收入是难以估量的。

具体来说，阿里巴巴的"去 IOE"运动就是用开源的软件——MYSQL 替代 Oracle，使用成本低廉的硬件 PC Server 替代 EMC2、IBM 小型机等设备，以消除 IOE 对数据库系统的垄断，这一行动也被业内解读为低成本化。

"去 IOE"还有着 IT 国产化的意义，我国政府长期以来一直努力支持本土 IT 厂商的发展，以加强自主知识产权，提高对安全问题的保障。"去 IOE"有利于摆脱对国外技术的依赖，实现信息安全的可控性。在"棱镜门"事件曝光后，各国政府都提高了对信息安全的重视，"去 IOE"概念也在不断升温，引起社会各界人士的关注。

目前，"去 IOE"运动只处于发端阶段，各个企业是否适合"去 IOE"，还要视具体情况而定。一场"去 IOE"运动正在渐渐展开，各大企业正在酝酿或者观望，国产 IT 业也在迎来一个实现突破的机遇。

三 基于大数据技术维护我国新媒体
产业安全的对策

当前，信息资源的开发与利用已日益成为一个国家整体实力的重要组成部分，大数据技术正逐渐成为信息化建设的主战场。为了维护我国新媒体产业安全、促进我国媒体产业的发展，我们需要提高新媒体产业的大数据技术水平，为此，我们提出以下建议。

第一，要从观念上重视大数据技术。目前，我国政府已经高度关注大数据相关技术的发展，贵州省正在积极地发展大数据产业。在发展大数据技术的过程中，需要明确大数据对各行各业所起到的作用，既要看到其发展前景，也要认识到局限，同时还要加大对大数据的宣传力度，让各行的从业人员都对大数据的发展有进一步的认识。政府要深入了解信息安全的概念，明确它在大数据中的地位，加强对敏感数据的监管和保护。

第二，加快大数据安全技术研发。传统的信息安全技术不能被完全照搬到新兴的大数据领域，云计算、物联网、移动互联网等新技术的快速发展，为大数据的收集、处理和应用提出了新的安全挑战。建议加大对大数据安全保障关键技术研发的资金投入，提高我国大数据安全技术产品水平。我国应推动基于大数据的安全技术研发，研究基于大数据的网络攻击追踪方法，抢占基于大数据的安全技术发展先机。

第三，加快互联网标准的制定。我国是世界上网民数量最多的国家，但是在互联网的标准制定方面我国的话语权不多。截至

2010年，互联网领域的标准有3000多个，但是以我国的科研人员和科研机构为主导制定的标准只有17个。这与我国互联网大国的地位极为不符，这也说明我国还不是互联网强国。没有自己的技术标准，就有可能使国家在国际竞争中受制于人。因此，我国要加强互联网技术标准的研发，争取成为标准制定的领导者。互联网标准的制定工作主要由互联网工程任务组（Internet Engineering Task Force，IETF）负责，该组织是一个国际性的非政府组织。近年来我国有一些科研人员加入该组织并且比较活跃，我国政府应该鼓励这样的科研人员，并且鼓励更多的科研人员加入这个组织。

第四，加强对重点领域敏感数据的监管。海量数据、敏感数据的汇集更容易招来潜在的攻击者，数据拥有者安全意识薄弱也容易招致危险。建议政府建设保存重要数据的数据库，并制定比较完善的使用制度以防止重要数据的泄露。在企业层面，建议企业加强对内部数据的监控，严格管理内部员工的数据使用权限，规范硬件的使用规程，确保商业秘密的安全。

第五，运用大数据技术应对高级可持续攻击。高级可持续攻击非常具有隐蔽性，传统的方法不太容易检测到。为了能够及早发现高级可持续性攻击，需要在平时就做好对企业网站正常活动状态的整理，大量抓取网络特征数据，在受到攻击时，同样抓取这样的数据并与平时的数据进行对比，总结并抽象出一些模型。尽管建模的过程比较复杂，还需要投入大量的人力和物力，但是做好防范工作的收益大于成本，建议有这样需求的企业建立这样的模型，消除和控制高级可持续攻击的危害。

B.5
数字技术时代新媒体产业的版权安全

肖 丽*

摘 要: 版权保护是世界各国都非常重视的问题。2001 年以来,我国加大了对新媒体产业版权保护的力度,修改、调整、制定了一系列的法律法规,为新媒体产业安全保驾护航,取得了令人瞩目的成就。即便如此,客观现实中,新媒体产业的版权安全问题仍然存在。新媒体内容的数字化挑战版权的专有性,媒体形式多样化使得用户身份多样化,用户身份多样化导致版权难以控制,互联网传播的无限性也对版权安全提出了挑战。从整个新媒体产业的产业链来看,无论是对于内容提供商、软件与技术提供商、网络运营商、服务提供商,还是对于新媒体终端来说,版权安全都至关重要。为了促进新媒体产业的安全发展,在法律方面,我国应进一步完善知识产权保护方面的法律法规,尤其要重视网络知识产权保护;在技术方面,要广泛运用高新技术,为新媒体产业安全发展提供技术

---

* 肖丽,北京印刷学院文化产业安全研究院讲师。

保障；在强化版权意识方面，要提高对版权的重视程度，加大宣传教育的力度，将版权意识宣传搬进小学、中学、大学的课堂，并培养社会公众"抵制盗版从我做起，打击盗版人人有责"的良好版权意识。

关键词： 数字技术 新媒体产业 版权保护

一 新媒体产业版权安全问题客观存在

版权，也称著作权，是作者或出版者对其作品享有的法定权利。版权包括财产权与人身权两部分。所谓财产权，是指作品的财产权或经济权，作者及经作者授权的他人，通过使用该作品获取经济利益的权利。所谓人身权，是指与创作者人身权密不可分的发表权、署名权、修改权和保护作品完整权。针对版权保护，自2001年以来，我国制定并修订调整了一系列的法律法规。2001年根据第九届全国人民代表大会常务委员会第二十四次会议的决定，对《中华人民共和国著作权法》进行了第一次修订，并于2010年和2011年分别进行了第二次、第三次的修订工作；2002年1月和8月《计算机软件保护条例》和《中华人民共和国著作权法实施条例》分别开始实施，并于2013年3月1日起实施了再次修订后的《中华人民共和国著作权法实施条例》；2005年3月和5月颁布实施了《著作权集体管理条例》和《互联网著作权行政保护法》；2006年7月颁布实施《信息网络传播权保护条例》。此外，《广播电台电视台播放录音制品支付报酬暂行办法》《国家知识产权战略纲要》《著作权行政处罚实施办法》《著作权质权登记办法》《关于贯彻国家知识产权战略纲要的实施意见》《版权工作"十二五"规划》《民间文学艺术作品著作权保护条例》《作品自愿登记办法》《教科书法定许可使用作品支付报酬办法》等一系列规章制度和政策性文件也在不断制定、修改、完善，版权执法监管力度也在不断加大，这些都表明我国版权保护工作取得了显著的成绩。

虽然我国在版权保护方面做了大量的工作，也取得了令人瞩目的成绩，但是在当今数字技术时代，在新媒体产业大发展的背景下，仍然存在一些必须面对且需要解决的版权问题。首先，数字技术和互联网技术的发展，使得用户可以非常简单地将个人创作的作品上传到网络，传播给社会公众，而社会公众也可以自行下载，这就涉及最基础的知识产权问题，而普通的社会公众对于知识产权的保护意识还比较薄弱，比如随意下载网络上的视频、歌曲、电影作品等；其次，网络是没有地域限制的，而网络传播的作品却是有版权的，这种"无限制"和"有限制"之间必然会产生矛盾，使得侵权行为在侵权者与新媒体之间进行传输；最后，网络传播速度之快、传播成本之低、传播范围之广，都令版权保护措手不及。这也使得近年来新媒体大环境下的版权保护案例层出不穷，例如，谷歌图书搜索计划遭到世界多个国家及著作权人的指控、中国作家维权联盟起诉美国苹果公司侵权案等广受社会公众的关注。由此可见，新媒体产业的版权安全问题，已经面临客观现实的严峻挑战。只有切实实现新媒体产业的版权保护，才能够为新媒体产业安全保驾护航。

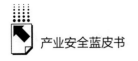

二 基于产业链的新媒体产业版权安全需求分析

新媒体产业的产业链由以下几个部分组成：内容提供商、软件及技术提供商、网络运营商、服务提供商、营销机构和检测机构等，如图1所示。

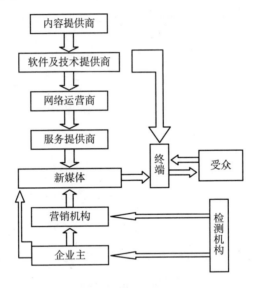

图1 新媒体产业链

资料来源：张文俊《数字新媒体概论》，复旦大学出版社，2009。

（一）内容提供商及版权安全需求

内容提供商是指新媒体产业内容的提供者和制作者。数字新媒体的内容提供商主要来自四大阵营：一是拥有传统内容资源优势的专业内容提供商，主要指提供影视、新闻、音乐等的专业制作公司和其他传媒机构；二是提供通道的电信运营商和移动运营商；三是已经在互联网领域站稳脚跟的门户网站；四是作为数字新媒体内容供应新兴力量的新媒体受众。①

以用户每天都要接触的手机媒体为例。随着手机尤其是智能手机的普及，手机游戏已经成为视频游戏领域发展最快的一部分，尤其是运营商宽带提速，也为手机游戏的发展提供了契机。2014 年 4 月 25 日第三方机构艾媒咨询发布了《2013～2014 年中国手机游戏市场年度报告》，报告数据显示，2013 年中国手机游戏市场规模达到 122.5 亿元，同比增长 108.7%，2013 年中国手机游戏用户规模达到 3.85 亿人，同比增长 34.6%。②

然而在手机游戏市场繁华的背后，盗版成为威胁产业安全的一个原因。调查显示，目前中国正版手机游戏用户和盗版用户的比例在 1∶8 左右，③ 关于手机游戏出版的法律法规尚不完善。手机游戏市场盗版的突出表现就是手机游戏产品的同质化现象严重，内容缺乏创新，一旦一款新的游戏产品上市获得用户的喜爱，许多生产商就纷纷开始效仿，围绕游戏的核心和本质，或者进行游戏画面的改变，或者将游戏名称改得更加吸引人，更有甚者直接照搬照抄，为了获取市场利益，缩短生产流程、加快上市时间，而忽视了对游戏内容的设计和对游戏品质的创新。对于一些小的研发团队而言，开发创造一款新游戏往往需要很长时间，但由于盗版活动猖獗和人们的著作权意识淡薄，有时游戏上线当天就被盗版，这给研发团队带

---

① 张文俊：《数字新媒体概论》，复旦大学出版社，2009。
② 《2013 年中国手机游戏市场规模达到 122.5 亿元》，http：//www.sfw.cn/xinwen/445080.html。
③ 傅亦轩：《新媒体节目内容创作与版权保护》，中国广播电视出版社，2011。

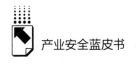
来了巨大的经济损失和精神损失。

保护内容提供商的版权安全，是整个新媒体产业面临的问题，相比发达国家，如美国、日本等，我国新媒体内容提供商版权安全的行业规范有待进一步提升，厂商和用户的版权意识也有待进一步提高。总而言之，新媒体产业的内容提供商是新媒体内容的提供者、制作者和所有者，对于他们而言，保护其原创的内容不被随意使用、不被任意篡改、不被随意加入广告等其他内容、不被无限制地任意传播、不被随意上传和下载、不被非法利用、不被更名等，就是保护了内容提供商的核心利益，保证了新媒体产业链的源头处于安全的状态。只有如此，才能保证内容提供商的经济利益不受损害，激发内容提供商的创新激情和创作热情，才能有效促进市场的竞争，并避免无序竞争出现，促使整个产业的核心竞争力提高，创作出能够走出国门、走向国际市场的高端产品。

（二）软件及技术提供商和版权安全需求

软件及技术提供商是指整个产业链运作中服务、资费、管理等环节的软件提供者和技术提供者。[①] 从整个新媒体产业链来看，软件及技术贯穿于整个产业链的始末，任何一个环节都离不开软件与技术的支持。将原始内容转换成各类新媒体要求的形式，需要运用软件和技术进行数字化的转换，在网络运营过程中也需要软件和技术将内容或者信息以一定的方式传播出去，而面对复杂多样的终端，软件及技术又要起到为内容安全保驾护航的作用。

---

① 张文俊：《数字新媒体概论》，复旦大学出版社，2009。

新媒体产业链涉及各种各样针对不同环节的软件和技术，从小的方面说，有用于电子书阅读器的语音识别技术、按照传统报纸的发行周期和版面创建手机电子报纸的技术、加密技术、认证技术、业务安全管理技术等；归结到大的方面，就是数字技术、网络信息技术、现代通信技术。所以，对于软件和技术提供商来说，作为产业链的下游，它要从技术上实现和保证上游内容供应商提供内容的安全性，保证其不被任意篡改和使用，作为产业链的上游，它要为网络运营及服务平台提供可靠的软件和技术方面的支撑，而对于自身而言，它也需要实现自我保护，保护软件和技术不被盗版和剽窃，因此，版权安全对于软件和技术供应商也至关重要。

（三）网络运营商及版权安全需求

网络运营商拥有骨干和核心网络资源，可以通过建立虚拟网络进行运营服务，为平台提供商提供网络支持。网络运营商包括无线网络运营商、固网运营商、数字广播网络运营商等。[①] 网络运营商要确定自己在新媒体产业链中的地位和作用，明确自身的权利和义务，从传输媒介的角度出发，确保新媒体产业的内容在传输过程中不会被非法截获、非法篡改、非法添加或删除任何内容。为保证新媒体产业安全，网络运营商也必须遵循版权保护原则，不擅自截获或使用其他网络运营商的内容。同时，需要注意的是，内容供应商也必须保证其提供的内容没有知识产权争议，这也是

---

① 张文俊：《数字新媒体概论》，复旦大学出版社，2009。

曾经一度热议的问题，即网络运营商是否应该对内容负责。2006年的一起案例引发了对该问题的讨论，某网站因播放的电视剧内容涉嫌侵权而被起诉，电视剧制作方以该网站未经其允许、未支付报酬而播放著作权和信息网络传播权归属其的电视剧从而侵犯其知识产权为由，将该网站运营方起诉至法院。对此，专家表示，网络运营商有必要对信息内容进行严格审查，从源头上解决好合作中的版权安全问题。

（四）服务提供商及版权安全需求

新媒体的服务提供商在新媒体产业链中具有举足轻重的地位，它从内容提供商处获得新媒体内容，基于网络运营商的网络基础设施，直接面向最终用户提供服务，通常也就是新媒体运营服务系统的建设者和运营者。因此，它必须找到各方利益的平衡点，并实现自身价值的定位。[①] 诸多技术支撑组成的新媒体服务系统如图2所示。从图中不难发现，新媒体服务系统服务的核心和最终对象都是终端用户，在这一服务系统中，服务提供商既需要面对内容提供商、网络运营商、业务运营商，也需要面对业务受众，提供海量媒体数据处理、服务基础设施、业务安全管理等方面的服务，最终实现新媒体业务的设计、执行、完成等流程。在新媒体服务供应商提供服务的过程中，需要保护新媒体的内容及版权，确保信息的真实性和安全性，确保各项操作均已授权，确保网络的安全性，这对新

---

① 胡舜耕：《面向新媒体的数字版权管理研究》，《信息通信技术》2011年第5期，第18~21页。

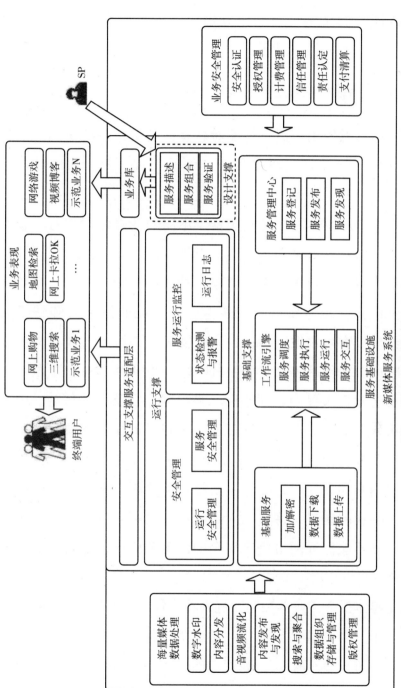

图 2 诸多支撑技术组成的新媒体服务系统

资料来源：王劲林、邓浩江、倪宏《新媒体服务系统及其相关技术支撑》，《节目制作与广播》2007 年第 6 期。

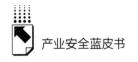

媒体服务体系的正常运行和服务供应商的长期发展都是非常重要的。

（五）新媒体终端及版权安全需求

新媒体终端的用户通过终端对新媒体的信息进行访问，也就是说，新媒体终端是用户接收新媒体的实现工具，如电脑、手机、电子阅读器、平板电脑、移动电视、数字电视、便携式播放设备等。由于新媒体终端种类多样，不同的新媒体形态对应着不同的终端，新媒体终端是新媒体内容传输给用户的最后一道门，对新媒体内容的客观真实性也要起到把关的作用。比如，视频网站不能够随意播放未被授权的视频，也不能非法下载和转载视频，不给侵权盗版提供链接；数字电视未经许可不得擅自提供未享有版权的影视作品等。对于手机媒体，2014 年 2 月，全国手机媒体委员会联合人民网、新华网、央视网，以及中国移动、中国联通、中国电信三大运营商发布了《中国手机媒体移动互联网信息安全和版权自律行业公约》，提出企业在自身平台上传合作第三方信息内容和软件时，必须主动履行审核版权和信息安全的责任，对于存在问题者，将其拉入黑名单并决不允许其上线，对于版权不清和不能保证网络信息安全的内容和应用，运营商不予受理和合作。

从新媒体整个产业链和利益链来看，各个环节和过程、各个主体都存在于一个利益共同体中，对于版权保护利益而言，一损俱损，只有共同努力，承担起版权安全的责任，才能保证各方利益，促进新媒体产业健康发展。

三 数字技术时代对新媒体产业版权安全的挑战

（一）新媒体内容的数字化挑战版权的专有性

在传统媒体时代，在没有使用数字技术之前，传统意义上的作品大部分以手稿、印刷制品、音像制品等形式出现，图书、报纸、杂志等纸质媒体盛行。一般来说，个体消费者购买图书、报纸、杂志，或者磁带、光盘等音像制品，都是用于自己阅读，阅读之后或者送给朋友，最多也就是通过二次出售进行转让，这些传统媒体作品随即流向二手书市。即便有不法分子进行图书或者音像制品的盗版，也需要一定的时间成本和费用成本，并且这些成本相比数字技术时代要高很多。但是在数字技术时代，情况截然不同，数字技术的出现使得传统的媒体内容数字化了，这种数字化的、非实物化的作品形式在互联网上进行传播更加方便了，消费者获得作品后进行复制、分享给他人的行为变得非常普遍。网络传播是一对多的传播，一旦有一个人在网络上进行作品分享，将面对难以计数的众多人，而众多人中的一个人，又面对着难以计数的众多人，最终结果就是作品以放射状的形式被无限传播，如图3所示。

在人人都可以很容易地获得别人的作品，并且传播方便的网络世界中，作品往往被无数次地传播和使用，没有人会在意所使用作品的版权归属问题，不会考虑是否可以随意使用别人的作品，即便注意到了版权问题，由于作品经过多次的分享与传播，其版权归属也往往变得模糊不清，作品创作的源头在哪里已很难得知。甚至有

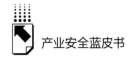
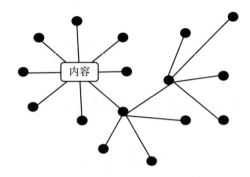

图 3　新媒体内容在网络中的放射性传播

些作品被增加、删减或者改变部分内容后摇身一变，其版权归属也发生了变化。而对于原有的版权所有者而言，由于网络上侵权者人数众多，几乎无法控制自己的作品在网络中的传播情况，更不用说追究所有侵权者的责任了。广大网络用户对于作品网上传播版权意识的薄弱也使得侵权行为频繁发生。新媒体内容的数字化与放射性的网络传播模式使得版权失去了原有的专有性，既打击了作品原创者的积极性，损害了其经济利益，也威胁到了新媒体产业的安全和发展。

（二）媒体形式多样化、用户身份多样化使得版权难以控制

在传统媒体时代，媒体形式是有限的，相应的，用户的身份和角色也是比较固定的，充当的是消费者的角色，即需要支付一定的费用来享受图书、电视、广播带来的效用或者服务，用户消费这些内容与消费矿泉水、汉堡包等商品并无差异。这些内容的版权掌握在少数的出版社、电视台或者广播电台手中。新媒体时代，媒体的"新"形式纷繁复杂，网络媒体、数字电视、数字广播、视频媒

体、手机游戏、移动电视、手机报、博客、微博、微信、即时聊天、在线音乐等新媒体形式层出不穷，新媒体的传播渠道新、服务方式新、传播方式新，交互性和实时性等特征使得广大用户在非常短的时间内就学会了使用这些媒体，新媒体的特点是传统媒体无法比拟的，原本只是支付费用享受效用的消费者，身份也发生了明显的变化，原因有二，一方面，网络环境下，版权所有者掌控版权不再像在传统媒体下那样容易，另一方面，在这些媒体形式中，用户的身份也变得复杂，在网络环境中发布内容、上传下载、复制传播变得更加容易，他们可以非常容易地行使版权所有者的行为，这使得版权保护更加难以实施。所以说，新媒体形式的多样化使得用户身份多样化，用户身份复杂多样化使得新媒体产业的版权更加难以掌控。

（三）互联网传播的无限性对版权保护的有限性提出挑战

新媒体的传播是将信息转化成数字，经过转播，再将数字在操作平台上转化成信息，从而进行传播的过程。新媒体的传播具有快捷、方便的特点。此外，互联网的发展使得信息的传播速度更快，可以做到实时更新、实况报道等，通过网络，信息可以随时并且同步发送给所有的用户。在网络上传播信息，不受时间和空间的限制，在网上发布的任何信息都可以超快的速度传递到不同的国家和地区，虚拟的网络将整个世界编织成一张"世界网"，使得地理范畴上的边界不复存在，在这张网络中，信息被传播到世界各个角落。在世界上任何一个具备上网条件的地方，人们都可以轻松地浏览全球的网站；同样，世界上任何一个网站上刊载的内容，除非受

到特殊限制，也都可以被世界上其他国家和地区的网民所访问、浏览，所以说互联网传播突破了国界的限制，新媒体传播具有无限性。但是，正是这种无限性对版权保护的有限性提出了挑战，网络版权的空间界限随着网络传播地区界限的消失而消失。此外，侵权行为的记录都被保存在各种各样的网络服务器上，由于网络的技术性较强、传播范围广，跨国网络版权的侵权行为认定也比较复杂，打击网络侵权行为比较困难，实际操作起来更是难上加难，这也使得网络侵权盗版成为全球性问题，国家与国家间的相关部门以及相关机构也针对国际网络版权保护开展了国际合作。2011年，中国版权保护中心与韩国著作权委员会签署了《韩国作品在中国视频网站版权监测及相关法律问题研究项目委托协议书》；2012年，中国国家版权局和美国专利商标局联合举办了中美网络版权执法研讨会，共同研讨网络版权执法方案，讨论打击跨国犯罪。国家之间通过协同合作，建立国际网络版权保护、纠纷解决、贸易合作的机制，为国际新媒体产业安全与发展提供了良好的网络秩序和国际环境。

四 新媒体产业版权保护的措施

（一）完善法律法规

数字技术时代，中国新媒体产业的安全与发展离不开完善的法律法规的保驾护航。许多发达国家，如美国、英国、日本、澳大利亚、法国等，在新媒体产业版权问题上，尤其是在网络版权问题上，都做了很多努力，制定了适合自己国家新媒体产业发展的法律法规，坚决打击和控制盗版行为，打击网络盗版，对于新媒体版权决不让步，以维护国家在知识产权领域的控制权。

我国对于新媒体知识产权，尤其是网络版权的保护高度重视，国家有关部门相继颁布了一系列的法律法规，行业组织也制定了一些行业规范，部分领头企业的版权保护意识有所提高，也开始实施版权维权，以维护自身的合法权益。但我国的新媒体产业尚处于发展阶段，所涉媒体种类多、范围广，各细分行业有各自的特点，影响因素众多，因此我国还需进一步完善新媒体产业相关的法律法规。第一，统一新媒体产业知识产权的标准，以避免不同行业、不同区域、不同部门之间遵循不同的标准。第二，提高广大群众的版权保护意识，提高违法分子的侵权成本，加大刑事处罚的执行力度，相关机构定时对网站进行检查，及时查处网络侵权违法行为，对侵权违法行为进行严厉打击。第三，受执法范围和能力所限，版权行政管理机关在执法过程中往往需要工商、文化、公安部门的协助与合作，既要避免执法交叉，又要避免执法空白，因此应建立多部门联合执法机制，建立部门之间的信息沟通和交流机制。第四，坚持长效的执法机制，强化执法力度，打击新媒体侵权行为，尤其是网络侵权行为。这非一朝一夕之事，不能打"游击战"，要将打击违法侵权行为作为一项长期工作开展，形成执法的威慑力。第五，要加强国家之间的合作，各国通力合作，共同打击跨国网络侵权行为。总之，政府、行业协会都要出台更有利的法律法规、规章制度、行业准则，共同维护新媒体产业的版权安全，使新媒体产业版权保护有法可依，有法必依，确保新媒体产业安全发展。

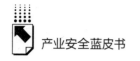

（二）运用技术保护

数字技术、网络技术促进了新媒体产业的发展，人们在享受这些技术给工作、生活带来便利的同时，也深受新媒体侵权带来的困扰。为了对新媒体内容进行版权保护，对著作权人的合法权益进行保护，有必要采取一定的技术保护措施，在不损害公共利益的前提下，通过技术手段给侵权行为设置一定的障碍，使著作权人的作品不会被随意访问，或者不被随意使用等，以保障新媒体产业的版权安全。

2008 年北京奥运会期间，国内在新媒体版权保护方面几乎实现了"零盗版"，在这一过程中，高新技术，包括地域保护技术、过滤技术、追踪技术的广泛应用，有效地保护了奥运新媒体版权。其中，地域保护技术是指对特定区域以外的用户进行访问限制，禁止非授权地区的 IP 访问请求；过滤技术是指未授权的视频文件与受保护的视频文件内容相匹配时，未授权文件将被过滤或者删除；追踪技术也即数字版权管理技术。

按照技术措施的途径进行分类，版权保护技术还有以下几类。

①访问控制技术。MAC 地址过滤、VLAN 隔离、基于 IP 地址的访问控制、防火墙控制是当前访问控制技术中主要的几种。访问控制技术是保护网络资源的重要方式之一，比如，通常情况下，用户经常遇到的设置口令、身份验证、用户登录等方式，通过这些方式确定用户的合法身份，或者允许符合一定条件的用户访问，而禁止不符合条件的用户访问等，从而实现其对网络资源所享有权利的权限，保护网络资源不被非正常访问和非

法使用。

②加密技术。加密技术是一种常用的安全保密手段，通过一定的技术手段将信息进行加密保护，使得非法用户无法解读，发送者将加密后的信息传送给接收者，接收者收到信息以后，再通过解密密钥将信息内容进行解密还原，将其恢复成最初的信息。同时，也要注意安全密钥的传播途径，以免不法分子获得安全密钥。

③数字水印技术。数字水印技术是指在多媒体、文档、软件等多媒体信息中嵌入一些隐藏的标记，这些标记一般不易被识别，也不影响多媒体信息的使用，嵌入的这些标记能够表示新媒体内容的创建者、所有者，或者购买者的序列号。同时，数字水印技术具有安全性、隐蔽性、稳健性等特点，能够有效保护版权所有者的利益，也有利于解决版权纠纷。

④DRM，即数字版权管理。数字版权管理是指利用先进的信息技术，在提供数字化和网络化信息服务的同时，有效地阻止对这些信息的非法使用和拷贝，以达到保护数字媒体版权的目的。其核心思想是通过各种技术手段、通过用户许可证等方式控制用户对文件的访问、变更、共享、复制、打印、保存等操作，从而实现在媒体内容的整个生命周期内对其进行永久保护的目的，保护著作权人及内容提供商的版权利益。[①] 目前，国外的 DRM 技术已经初具雏形，DRM 技术为新媒体产业安全提供了一定的技术保障。

---

① 张文俊：《数字新媒体概论》，复旦大学出版社，2009。

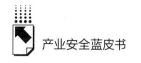

（三）强化版权意识

当今世界，各个国家尤其是发达国家，特别重视版权保护。强化社会公众的版权意识，营造良好的诚信环境，使版权保护理念深入人心，使诚信意识深入人心，并使其逐渐成为公民的一种自觉行为和良好的道德规范，是保护我国版权事业发展的长久之计。对于发展中的新媒体产业来说，无论是普通民众，还是版权所有者、软件运营商、网络运营商、服务商等新媒体产业链上的任何一环，都需要加强版权意识。

加强版权意识，要加大宣传教育的力度。以国家知识产权局为中心，各级知识产权行政管理部门应提升版权宣传工作的水平，加强版权人才队伍建设，切实履行版权保护的宣传职责。通过集中培训等方式提高工作人员的职业素养，工作人员通过定期开展各种形式的宣传和教育活动，使版权观念深入人心。

加强版权意识，要从小抓起。一个人的人生观和价值观是在成长过程中逐渐形成的，所以将版权保护宣传搬进小学、中学和大学的课堂，开展版权保护方面的知识竞赛、演讲比赛、有奖征文活动等，培养学生的版权保护意识，促使其养成良好的版权保护习惯，对于提高国民版权素质来说具有非常重要的意义。很多学校已经开设了知识产权保护方面的课程，这对于提高学生的知识产权保护意识起到了非常好的作用。尤其对于大学生而言，大学生群体是接触新媒体较多的一类群体，经常会浏览网站，上传与下载资料，看电影、听音乐，所以也很容易接触到新媒体版权问题，强化大学生的版权意识，使其尊重他人知识劳动的成果，有利于我国国民素质的提高。

加强版权意识，也要培养社会公众"抵制盗版从我做起，打击盗版人人有责"的良好版权意识。将保护版权的意识发展成为全社会的一种普遍意识，促使人人参与，人人维护，形成全社会版权保护的良好风气，为新媒体产业营造良好的发展环境。

B.6

出版传媒企业上市
风险研究

陈学民*

摘　要：　为完善现代企业治理结构，加快企业的现代化发展，
出版传媒企业有进入资本市场的迫切要求，以期通过
首次公开发行或借壳上市方式进入股票市场进行融
资。有别于一般行业，出版传媒企业在经营管理和上
市过程中需面对特殊的风险，其中包括宏观经济风
险、政治风险、行业政策与法律风险、经营管理风
险、人才流失风险、财务及财务舞弊风险、代理风
险、实际控制人风险、借壳失败风险等。对于出版传
媒企业来说，上市既是机遇也是挑战。出版传媒企业
应该利用上市机会，完善企业治理结构，完善企业经
营管理制度，提高决策能力，进一步向现代化文化传
媒企业的方向发展。

关键词：　出版传媒企业　资本市场　融资　风险管理

---

* 陈学民，北京印刷学院文化产业安全研究院讲师。

一　出版传媒类上市公司概况

（一）出版传媒业特征

出版传媒业兼具经济属性和文化属性，作为国民经济的一个重要组成部分，出版传媒业具有为社会创造价值、积累财富、传承文明等使命与功能。到目前为止，人类文明的大部分成果都是以出版物的形式保存的。可以说，一个国家文化产业的安全关系其民族的生存与发展，而出版传媒业在文化产业中具有重要地位，在维护文化安全、促进文化发展方面具有不可替代的作用。

根据国家统计局的《国民经济行业分类》，出版业包括图书出版、期刊出版、报纸出版、音像制品出版、电子出版物出版和其他出版。联合国教科文组织在《世界版权公约》中对出版的定义是：可供阅读或者可以通过视觉感知的作品。随着信息技术革命的快速发展，出版业的范围也在不断扩大，传统的出版概念已经不能完全涵盖出版活动，"出版业"逐渐扩大为"出版传媒业"。从产业链的角度看，出版传媒业主要包括编辑、印刷和发行三个环节。其中，不仅包括传统的图书、期刊、报纸和音像的出版，也包括新出现的网络和数字出版形态；不仅包括传统的印刷设备的生产，也包括电子出版物和电子文献在线传递等。此外，与出版活动相关的版权交易、出版创新等活动也可以归到出版传媒业中。

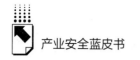
（二）出版传媒类上市公司概况

截止到 2015 年 6 月底，我国共有出版传媒类上市公司 61 家，其中，以出版为主营业务的企业有 17 家，分别是浙报传媒、中文传媒、天舟文化、中南传媒、皖新传媒、时代出版、新华传媒、博瑞传播、出版传媒、华闻传媒、粤传媒、皖新传媒、凤凰传媒、读者传媒、中文在线、思美传媒、中视传媒、长江传媒。另外的 48 家的主营业务分别为广电、影视、动漫等 4 个类别，但也都与出版业务密切相关。因此，下面在讨论出版传媒类上市公司概况时，不再严格区分出版行业和文化传媒行业。出版传媒类上市公司主要集中分布在华东、华北和中南地区（见图 1）。其中，有 42 家企业在 A 股主板市场上市，在中小板和创业板上市的公司分别有 9 家和 10 家（见图 2）。在 2014 年，出版传媒中多数（48 家）上市公司的收入增长为正，有 12 家公司的收入增长超过 50%，只有 13 家公司的收入增长为负，反映出出版传媒类上市公司经营状况基本良好。

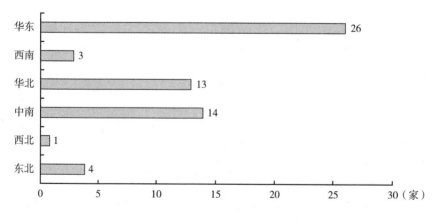

图 1　出版传媒类上市公司地域分布

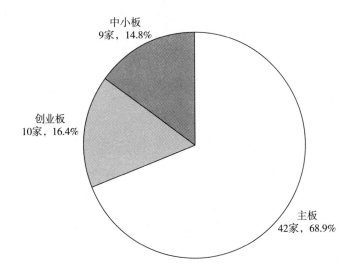

图2　出版传媒类上市公司上市板分布

出版传媒类上市公司总资产约为3593亿元，所有者权益为2420亿元，平均资产58.9亿元，产业中位数为34.9亿元，其中资产超过百亿元的上市公司有12家。61家上市公司2014年的行业总收入为862.89亿元，收入平均值为14.15亿元，收入中位数为8.76亿元；行业总利润为123.1亿元，平均净利润为1.98亿元，净利润中位数为0.89亿元。

出版传媒业平均市盈率在2014年达到66倍，市盈率中位数为45.5。综合多家机构的预测，预计全行业2015年平均市盈率为40.1倍，2016年为30.6倍，2017年为24.5倍。2014年全行业平均市现率为60.3，行业中值为34.4；2014年全行业市销率均值为7.32，行业中值为10.2。此外，我们注意到，截至2015年9月，出版传媒业中有134起并购事件已经完成或正在进展中。

从2005年一季度起到2015年二季度，出版传媒类上市公司基

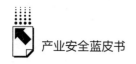

本跑赢 A 股指数, 平均年超额收益为 2.9%。2014 年, 在 A 股全部 69 个行业中, 出版传媒行业滚动平均市盈率为 56.8 倍, 位居 A 股全部行业的第 22 位 (从高到低)。

二 出版传媒企业融资方式及策略

(一)出版传媒企业融资方式

现代企业为做大做强, 经常面临资金短缺的问题, 因而解决好融资问题是现代企业在生产经营中必须重视的事情。从经济社会的角度来说, 解决好企业的融资问题有助于社会资源的高效率分配。拟上市公司常用的融资方式有两种, 即内部融资和外部融资 (见图 3)。

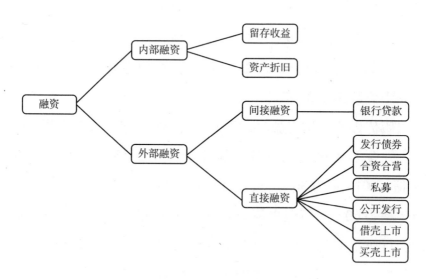

图 3 拟上市公司常用企业融资方式

内部融资是由公司内部进行的资金融通，主要通过留存收益（资本公积）和资产折旧进行。内部融资具有自主性、低成本性以及抗风险性。即资金使用可自主决定，基本不受外界制约，且同时使用资金时不存在融资费用，且也不存在违约风险。从国内媒体企业的传统情况来看，出版传媒企业的资金来源大部分是自身的资本公积，但由于在企业发展的过程中自有资金往往数量不够，传媒企业有着较强烈的获取大量资金的需求。随着中国资本市场的不断发展以及人们认识水平的提高，出版传媒类企业进行外部融资的需求在不断上升。

外部融资包括间接融资和直接融资，它已经取代内部融资方式成为现代企业获取资金的主流方式。间接融资通常是由金融中介机构（如银行、保险公司、信托公司等）通过恰当的金融工具将资金提供给资金融入方使用，金融工具包括但不限于贴现贷款、购买资金融入方发行的企业债券等形式。

直接融资是资金融入方与资金融出方在没有金融机构作为中介的情况下，通过直接协议所进行的资金融通。直接融资主要有债务性和权益性两大类型。债务性融资需要支付本金和利息，但公司经营决策管理权通常不受债权人限制（重大事项按协议约定），同时债务性融资会使公司的负债率上升。权益性融资即股票融资，即在股票市场进行首次公开发行（IPO）或通过借壳买壳、上市的方式吸收投资人的资金，股东一般可以参与公司的经营决策，并可获得相应的经营利润分红。

拟上市的传媒企业可以采用首次公开发行和借壳上市两种方式。通过 IPO 直接上市，出版传媒企业可以迅速改善公司的资本结

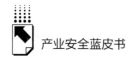

构，同时不必有沉重的利息负担。对于已上市的出版传媒企业来说，也可以采用配股和增发新股的方式募集新资金。配股是通过按一定的比例向原股东配售新股来筹资，增发新股适用于正在实施重大资产重组且符合有关条件的上市公司，这种方式使拟上市的传媒企业可以通过对上市公司增发新股的方式，实现买壳或借壳上市，为传媒产业资产整合提供了可操作性。

借壳上市的资本运作过程大体是：非上市公司通过对上市公司的并购，获得上市公司的控制权，进而再通过上市公司反向收购控股方资产或业务的方式，达到间接上市的目的。这是一种市场行为和企业行为。借壳上市可以发生在母公司和子公司之间，也可以发生在非母公司和子公司之间，这种情况被称为买壳上市。借壳与买壳之间的区别就是壳公司与拟借壳方公司是否已经存在实质控制关系。

在资本运作实务中，借壳上市往往采用法人股协议转让和资产置换股权两种方式。如果法人股占公司总股份比例较大，那么法人股协议转让可以避免重组过程中未预料因素的影响。此外，拟上市企业用自有资产与已上市公司的股权进行置换，在可以控股的情况下主导完成企业重组。

（二）出版传媒企业加速上市进程

上市能够对出版传媒企业的治理结构起到有效的完善作用，因为上市公司必须拥有完善的董事会和监事会，所有权和经营权分离，接受股东和其他投资者的监督。

尽管中国股市长期表现欠佳，但从实际情况来看，无论是国有还是民营文化企业都比较倾向用 IPO 方式来进行上市。文化企业尤其是文化科技融合的高新技术企业的政策利好还是比较突出的。

近几年拟在 A 股主板上市的出版传媒企业包括南方出版传媒、新丽传媒、中国电影、上海电影、新华网、中国南航集团文化传媒等；申请创业板 IPO 的有中国木偶艺术剧院、杭州金海岸文化发展股份有限公司等。这些数据显示，随着文化企业改制的全面展开和文化产业振兴规划的贯彻实施，国有和私营文化企业都对上市具有极大热情，并在加速推进上市进程。

文化企业竞相上市的主要原因是深化文化体制改革带来的政策红利。2009 年我国第一部文化产业专项规划《文化产业振兴规划》出台，标志着文化产业已上升为国家战略性产业。该规划明确提出，支持有条件的文化企业进入主板、创业板上市融资，鼓励已上市文化企业通过公开增发、定向增发等再融资方式进行并购和重组，迅速做大做强。随着文化市场体系建设的逐步完善，将有越来越多的中小型民营文化企业获得上市的机会。

但我们也注意到，尽管资本市场看好文化产业的发展前景，但文化企业自身所存在的风险也将在上市后被放大，投资者需要谨慎参与投资。此外，对拟上市的出版传媒企业来说，上市过程中也存在种种不容忽视的风险。

简单说，文化企业具有经营方面的高风险。文化消费面向千家万户，属于可选消费，不确定性比较强。例如，要预测一部电影能不能盈利是非常困难的事情，不仅观众的需求难以判断，在拍摄和生产过程中还存在演艺人员管理、作品审查、市场竞争、销售渠道和上映档期、盗版、知识产权纠纷等问题和风险。不仅如此，人力

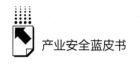

资源是文化产业的核心竞争力，但同时也是相关拟上市公司的风险因素之一。

三　出版传媒企业上市的风险构成与特征

出版传媒企业进入资本市场后，机遇与风险共存。一方面，通过上市，企业可以获得发展所需的资金，同时也将在构建企业现代治理结构上迈进一大步，但另一方面也必须看到，上市后在获得机遇的同时，各种风险也随之而来。

（一）宏观经济风险

宏观经济风险指由国际、国内宏观经济基本面以及经济周期性变化给上市发行者带来的可能损失。在经济不景气的时候，各行各业都会面临经营困难甚至倒闭的问题，出版传媒企业也不能幸免，比如会遇到发行量的下降、收视率与点击率的降低、广告收入的大幅下滑，以及其他文化产品消费的减少等问题。对于拟上市公司来说，经济下滑也会影响股票投资者的投资热情，加大公司的融资难度，同时造成股票首次发行时的价值低估。出版传媒企业大多以文化传播、出版以及媒体资讯服务为主，满足的是人们较高层次的需求，不属于生活必需品，因此当经济的周期性波动引起公众消费能力的下降时，人们便会减少对精神层面的消费，而首先保障衣食住行等基本生活消费。特别是对于中小板、创业板公司而言，由于中小型上市公司自身业务单一，整体上更依赖于宏观环境和行业经济的走势，在宏观环境和行业经济环境不佳的背景下部分公司的经营与成长问题值得担忧。在 1997 年和 2007 年两次金融危机中，泰国、马来西亚等国的出版传媒业就受到了严重的影响，有些出版传媒企业不得不裁员甚至停业。宏观经济风险一般可依据国家与世界经济形势做出判断。此外，虽然行业特征不同，风险状况不同，传导途径也不同，但宏观经济风险终归会影响到出版传媒公司。出版传媒行业的公司虽然无法左右或影响宏观经济风险，但可以积极采取规避措施。

（二）政治风险

政治风险是与国家主权及社会意识形态有关的不确定因素所导致的风险。出版传媒企业除了具有普通企业的风险特征外，还具有其特殊的政治风险。出版传媒类上市或准上市公司，所经营的意识形态领域鲜明的主业具有很大的政治风险，一旦处理不当易导致自身经营发展的不可持续性，给投资者带来不可预测的风险。

上市或拟上市出版传媒企业与普通企业不同，它除了要经营一般的业务外，为了吸引更多的观众或听众，同时出于提升行业地位的考虑，需要借助一些其他同行业企业没有的也无法经营的新闻、作品、视频等，向外发布敏感信息，这可能触犯社会和有关部门的利益，甚至违反法律法规，从而受到惩罚或限制。极端情况下，一条有重大错误的信息或新闻会使出版传媒企业陷入困境甚至停业。

（三）行业政策与法律风险

出版传媒产业属于具有意识形态特殊属性的重要产业，受到政府的严格管制。目前，我国对出版传媒产品的制作、进口、发

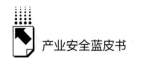

行等环节实行许可制度。政府在资格准入、内容审查、行政许可等方面的监督与管理政策会对企业经营构成比较重要的影响。出版传媒产业发展和经营管理具体政策的制定，主要由国家广电总局和新闻出版总署承担，目的是把党的政策转化为具体的行政手段。但有些经济性管制却有可能起到阻碍作用。因此，一旦政府管制存在滞后、延期问题，就会对传媒产业跨区域、跨行业、跨媒体的发展不利。

与此同时，如果资格准入和监督管理政策进一步放宽，出版传媒行业将面临更激烈的竞争，外资制作机构、进口出版传媒产品将会对国内市场带来更大冲击。此外，如果违反有关政策，企业将受到相关管理部门通报批评、限期整顿、没收所得以及罚款等处罚，情节严重的甚至有可能被吊销相关许可证甚至取消市场准入。因此，出版传媒企业必须坚持依法经营的理念，及时了解和掌握行业政策，健全内部质量管理和控制体系，有效防范出版传媒业务所带来的政策风险，避免监督管理政策给企业业务经营带来损失。

出版传媒产业与法制系统有密切互动的关系。由于出版传媒企业是要面对观众和消费者的，无论传播的是影视、图书、报刊，还是广告或者新闻，企业都是希望把信息传播出去，如果把关不严，稍有不慎，把一些敏感或错误的信息，如个人隐私、没有经过调查的不实新闻报道，以及违反国家政策的任何信息发布出去，都有可能引起法律纠纷。而如果损害了国家的利益，则风险更大。

中央人民广播电台与北京大学金融法研究中心对我国已上市公司进行了全面的法律诉讼问题调查，在其联合发布的《中国上市公司法律风险指数报告》中指出，2008年上市公司中的传媒类企业的法律风险最高。该报告还指出，在法律风险指数最高的前20家公司中，传播与文化产业类企业有2家，占比10%。

（四）经营与管理风险

经营风险指出版传媒企业在正常经营管理过程以及上市过程中，因经营状况的不确定性而面临损失的风险。当公司为了做大、做强以获得市场认可时，企业战略通常会从单一主业向多元化业务发展，在进入此前比较陌生的领域时，企业往往会面对投入大、收益小的局面，从而面临新的经营风险。国内很多上市和拟上市的出版传媒企业的总资产、总市值和年度总收入一般都不很高，竞争中的抗风险能力不强。

此外，企业一旦上市成功，会面临收入来源集中所导致的成长性风险。如何合理使用上市募集的资金也是一个必须慎重对待的问题。再者，由于出版传媒产业的特点，产品的发行时间与期末应收账款余额的大小有一定的相关性，如果发行量较大产品的货款回收较晚，应收账款过多，就会影响企业的现金流和经营稳健性。

一些出版传媒企业采用稳固战略，主业鲜明，盈利模式比较单一，比如对广告收入的依赖度高，这种做法存在一定的潜在风险。相比西方国家，我国经济市场化起步较晚，大多数出版传媒企业的主要经营模式比较传统，营业收入主要来自广告。虽然目前我国广告市场还有较大的潜力，但世界传媒事业发展的经验证明，仅仅依靠广告不足以保持经营收入稳定、持续增长，因此创新发展是每个传统出版传媒企业必须考虑的紧迫问题。一方面，国家税务总局于2001年印发的《企业所得税税前扣除办法》规定，"企业税前广告

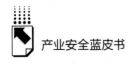

支出只能占总营业额 2%"，尽管该政策后来又有所调整，但还是给那些过分依赖广告经营收入的传媒企业敲响了警钟；另一方面，广告市场终归会达到饱和，有国际研究数据认为，广告市场最多占一个国家 GDP 的 3% 左右。

在出版传媒企业的经营过程中，特别要注意品牌管理。品牌是出版传媒企业在长期中积累的宝贵资产，出版传媒企业的品牌价值越高，企业的估值也就越高，就更容易获得融资以及较低的融资成本，同时也可以取得良好的广告收益。对于出版传媒企业来说，要杜绝虚假不良广告、有偿新闻、黑金交易等不法行为，保持正确的传媒价值理念和社会道德。

管理风险是由企业自身管理不当造成的风险，是出版传媒企业经营活动基本的和常见的风险之一。恰当而正确的管理是企业的经营活动能够达到预期目标的基础，其他因素都与管理息息相关。出版传媒企业受到政府管制较多，并且由于创意类产品异于普通产品的特殊性，生产过程比较复杂，加上政策性制约，因而要求企业经营人员具备很高的管理水平。相比其他行业，出版传媒企业进入市场较晚，整体管理水平欠完善，需要在组织结构、管理制度、人事等方面有所提高。同时，在生产活动中，要有其他行业的协调和保障以提高出版传媒行业的整体管理效率。此外，必须注意到，无论是在监管政策还是企业规模等方面，我国的出版传媒企业都与发达国家同类企业存在很大不同，因而不可能完全照搬西方传媒企业的管理制度。

（五）高层人才流失风险

出版传媒行业是人才密集性行业，在上市的过程中，企业有可能因为价值理念和利益分配问题而导致内部的人才流失。企业风险管理理论主要考虑的是经营过程中的风险管理和防范，而对实现公司经营的人力资源的风险管理往往缺乏足够的重视。事实上，由于企业的经营活动都是由具体的人来实现的，如果经营过程中出现风险，也都在很大程度上与人有关。对于人才要求很高的出版传媒业来说，其管理人才和业务人才所表现出来的风险会显得更加突出。

出版传媒企业具有较强的创意需求，因此需要同时懂经营和创意的领导者指挥和引导核心策划团队。优秀领导者的去留往往直接影响出版传媒企业的兴衰存亡，优秀人才成为稀缺资源。此外，出版媒体企业内容产品的生产理念要具有连贯性和一致性，消费者已经认可和接受采编团队的采访风格、编辑风格和写作风格，并形成了一定的忠诚度。因此，一旦媒体的核心采编团队因为上市过程产生的内部矛盾而离开，就会给企业经营理念和产品风格带来波动，进而伤害企业的核心竞争力。

出版传媒领域企业时有人事巨变发生。比如，杂志主编辞职，甚至进而导致高级管理层及采编团队随后也集体辞职，这会在很大程度上影响该杂志的正常生产经营；又比如，有些传媒上市公司过多依赖几个大牌导演和明星，一旦大牌导演或明星离去，会对该公司造成近乎毁灭性的打击。因此，出版传媒企业往往存在很大的人事变动隐患。

（六）财务及财务舞弊风险

拟公开上市的出版传媒企业要想符合上市的基本条件并争取到

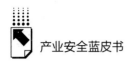

理想的发行估值，往往需要扩大企业规模，增加生产线和产品，这样必然导致前期需要大量的资金支持。而出版传媒企业的自有资金往往难以承受，这就需要某种方式及程度的上市前期资本运作。但单纯为公开发行而扩大规模以及承担过高的债务杠杆有可能给拟上市企业带来沉重的财务负担，较高的负债率不仅带来利息负担，也会带来流动性风险、支付风险及其他财务风险，企业的抗压能力及企业声誉有可能因此受到负面影响。

拟上市企业在上市过程中也不可避免会发生保荐费用、法律顾问费等费用，这也会给拟上市企业带来额外的财务负担，一旦上市失败，这些便成为不可收回的沉没成本。

为能顺利上市，企业出于侥幸心理，会向保荐机构（甚至与保荐机构合谋）以及投资人掩盖一些存在的问题。由于信息不对称，保荐机构有时无法完全做到尽职调查，但证监会等监管机构会进行全面的财务核查，一旦发现有异常财务操纵和异常交易，拟上市企业将面临严厉惩罚。在十八大后严格前置审批和准入门槛的大背景下，拟上市公司财务舞弊的成本越来越高，责任也被进一步落实到个人。所以建议拟上市公司的实际控制人，不要抱着侥幸心理，有问题应及早与保荐机构券商沟通。

从以往经验来看，财务舞弊现象集中在创业板上，这是因为创业板的上市规则对拟上市公司业绩增长有硬性要求。在证监会公布的资料中，每年都有若干家拟上市公司在财务专项核查自查阶段的截止日期之前提出撤回上市申请材料。其中，2013 年 3 月 13 日一天之内，创业板就有 12 家拟上市公司撤回了申请材料，这也体现了财务核查的重要作用。本报告注意到，此前撤回 IPO 申请材料的企业，多是新能源、机械、化工等业界认为的"高危行业"的企业。但是目前已开始出现出版传媒类企业。

（七）代理风险

在现代企业制度下，由于企业所有权和经营权分离，产生了经济学中的委托－代理问题。在公司的治理结构中存在双重委托－代理关系，即存在董事会对经理层的委托－代理关系，也存在股东大会对董事会的委托－代理关系。董事会具有委托人与代理人的双重身份，董事会对经理层的委托－代理关系决定着公司价值的提升及股东利益的保护情况。

如果拟上市出版传媒企业是国有背景，政府作为出资人就与经营管理者之间存在信息不对称。比如，管理者工作不努力、决策不负责、盲目冒险投机经营、行为短期化，代理人忽视甚至损害公司的长远发展、挥霍公款、过度职务消费等。此外，国有性质的出版传媒企业可能缺乏私营上市企业完善和优越的激励制度，代理人很容易做出损害公司或股东利益的事情。尤其是对于一些身处主业突出位置的出版传媒上市公司的代理人来说，他们自身的风险也很大。上市并未改变出版传媒公司的生产流程，他们需要负责对信息产品的内容把关，肩负着事后追惩的责任，更多的时候会小心谨慎。代理人会认为自己承担的风险过大。

此外，上市和拟上市出版传媒企业多由国资控股，政府主管部门往往强调和侧重对传媒舆论导向的管理，而对资产的保值增值和经营管理缺乏积极有效的监督。这样，由于产权缺位、委托－代理链过长、委托人与代理人之间经营目标不一致以及二者信息严重不

对称，再加上出版传媒企业代理人在经营管理方面权力过大以及企业内部监督机制薄弱，腐败和运营的低效率就变得容易发生，比如在广告销售、设备采购等领域。另外，也必须注意到，虽然出版传媒企业经营需要职业经理人，但由于媒体的特殊性，单纯的职业经理人难以搞好经营，必须要认识出版传媒企业的特殊性，尊重其规律。

同时，上市出版传媒公司与拟上市出版传媒公司的风险也存在一定差异：第一，上市公司的所有信息必须对外透明，而拟上市公司则暂时不需要，因此上市公司的经营发展将比没有上市的传媒公司面对着更多的监督与管理，公司风险明显加大。第二，转制过程中存在风险。拟上市公司此前一直受政府的行政领导，企业性质属于国资控股或集体所有，而在实现上市后，在经营体制上会发生重大转变，这个过程必然会产生种种事先难以预料的不确定性。

（八）恶意收购风险

在上市之后，原来处于封闭和半封闭状态的出版传媒公司就成为公众上市公司，其股权可以在二级市场上进行全流通。这样，对于公司的控股股东和实际控制人来说，上市必然会稀释公司股权，导致企业的控制权分散，实际控制人所掌握的公司股份比例会相应降低。这就有可能让想进入出版传媒业的企业和个人产生通过购买流通股而收购公司的想法。控股股东可以接受善意加盟甚至收购，但一旦发生恶意收购，公司将陷入被动。

（九）实际控制人的风险

通常来说，企业上市成功后虽然实际控制人的控股比例相应有所降低，但依然处于相对控股地位。实际控制人有可能利用其相对控股地位，通过行使表决权对本公司的董事、监事以及高级管理人员人选、经营方针、投资决策和股利分配等重大事项施加影响，从而有影响或损害公司及公众股东利益的潜在可能。

（十）借壳失败风险

一般来说，判断出版传媒企业借壳上市是否成功包括三个标准：第一，是否成功控制壳公司；第二，是否成功重组壳公司；第三，重组后的壳公司效益和价值是否发生质的飞跃并继续获得上市融资的权利。在上述三个标准中，控制壳公司是前提，成功重组是借壳上市实现的关键，而能否继续获得上市融资资格是判断借壳上市是否真正实现的关键标准。

从上述三个方面可以看到，出版传媒企业借壳上市方的风险，主要包括借壳失败风险、重组失败风险和上市融资失败风险。

第一，借壳失败风险，即不能有效获得壳公司控制权。通常有三种情况，一是耗费了借壳方人力、物力、财力，却未获得壳公司股份而彻底失败；二是虽然获得了部分股份，但未能做到控股壳公司而使公司既达不到借壳目的，又存在部分资金的沉淀成本；三是获得了壳公司控制权，但耗费资金太多或代价过大，以致控股后背上沉重包袱，甚至被壳公司拖垮。

第二，重组失败风险，即收购方与被收购方之间的一系列资产重组失败。重组失败的惯常表现形式是被收购方的壳公司核心竞争力仍未形成，业绩仍未改善甚或更糟，面临被退市的危险。造成重组失败的原因是多方面的，大致有以下几种情况。一是借壳方整体

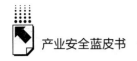

实力不够，缺乏强大的资金、资产、技术、管理等综合实力，无法对壳公司进行实质性支持和重组。二是重组方法和策略不当，包括注入资产质量不符合壳公司改善业绩的要求，或者作价过高、支付方式不当等。三是控股方别有用心，控股壳公司的目的不是整合资源，而是配合证券市场上股票的炒作。这种现象在我国证券市场上比较普遍，特别是部分 ST 公司被并购后股票价格不符合常规的暴涨暴跌，就是控股方配合庄家炒作的结果。

第三，上市融资失败的风险，即壳公司不能再次获得配股、增发新股等再融资。难以获得再融资资格的主要原因是重组失败，而重组失败的原因是壳公司重组后仍然未形成核心竞争力，业绩和效益仍然低下，达不到新公司配股、增发新股等再融资的法律法规要求。

以上我们阐述了中国拟上市出版传媒企业在生产经营和上市过程中存在的十种主要风险，但这里需要特别指出的是，拟上市出版传媒企业面临的风险往往是整体的、系统的复合多重风险，而不是单一风险或特殊风险。

四　我国出版传媒企业融资上市的对策建议

针对前面分析的拟上市出版传媒企业面临的风险，在此提出建议如下。

（一）树立正确的上市观念，组建高效运作班子

出版传媒企业不论是通过首次公开发行方式还是借壳方式来进

行上市都是一种高级的、复杂的资本经营活动，需要通过高超的技巧和高素质人才的共同协作才能完成。虽然上市能够筹集到企业所需要的资金，但如何利用好资金，做到创新发展并做大做强，才是企业上市的根本目的。对于借壳上市来说，控股借壳方要树立珍惜、爱护、培育壳公司的长期思想，不能赶时髦和盲目投机，而应正确评估自身发展战略和综合实力，量力而行。

公开上市需要极高的运作技巧和非凡的智慧，需要众多高级人才的协同工作才能顺利实施和完成。因此，必须成立以公司最高行政领导为首的工作班子。在人员搭配上，注意将经济、财务、审计、金融、营销、法律、技术、管理、公关、谈判等人员有机组合，必要时可聘请知名中介机构协助。方案制定必须建立在前期大量数据资料和调研分析基础上，必须充分考虑当前市场环境和国家宏观政治和经济形势及发展趋势，考虑公司股东、经营决策层、当地政府、员工及债权债务人等有关各方的接受能力。在具体制定操作方案时，要特别注意不能孤立地或单独地考虑个别方案，而必须将后续发展及上市方案一并综合考虑，并设计退出通道和机制，做好失败准备。

（二）正确评估国内、国际经济形势

上市和拟上市公司的经营、业绩与宏观经济环境之间的联系日益紧密，宏观经济环境变化对上市公司的影响更为深远，且充满挑战。深交所综合研究所发布的《深交所多层次资本市场上市公司2010年报实证分析报告》称，上市公司经营的多个方面已充分体现宏观经济环境变化的影响，宏观经济环境变化已经成为影响上市

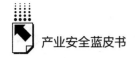

公司经营与业绩的最关键因素。良好的国际国内经济形势可以促进企业的经营，也可以在企业上市时获得满意的估值。虽然单个产业或单个公司无法左右国内国际宏观经济的走向，但可以通过主动分析来感知宏观经济的景气程度。因此，对宏观经济风险的防范，只能采取规避措施，比如减少项目投资或开辟新市场等，尽量消减费用，降低现金的流出。同时，对于拟上市企业来说，寻找合适的上市时点也很重要。

（三）完善公司治理结构

建立现代企业制度的核心内容是对传统的国有企业、集体企业和私营企业进行规范的公司制改造，而构建股东会、董事会、监事会和经理层各负其责、协调运转、有效制衡的公司治理结构是实行公司制的核心。我国国有出版传媒集团受体制转换的制约和规范操作缺乏的影响，目前在公司治理结构方面还存在一些突出问题，迫切需要采取更为积极的改革政策，进一步完善公司治理结构，以实现企业经营机制的根本转变，加速企业体制与国际接轨，提高企业的国际竞争能力。

一些改制为国有独资或绝对控股的公司制企业，在法人治理结构上未能形成有效的制衡机制，股权过于集中。我国应加速推进对国有企业的战略性改组，逐步淡化企业的所有制性质，强化企业制度的市场适应性。当前，需要加快实施国有股减持、国有资产变现和开放投资限制等措施，鼓励更多的非国有法人资本、境外资本和民间资本投向国有企业，降低企业中国有资本持股比例，促进公司股权多元化。同时，要推动企业间的相互持股，特别是产业关联性较强的企业间的股权置换，也可考虑将部分企业间的债务转换成企业间的持股，改造部分国有独资和控股公司，形成公司内不同投资主体的相互制衡机制，从而为规范公司治理结构创造条件。

推进政企分开。实现政企分开是建立现代企业制度的基本要求，也是公司治理结构合理化的前提。一要围绕建立市场经济体制的要求，继续深化党政机构改革，让企业真正成为自主经营、自负盈亏的法人实体和市场主体，从而规范公司的治理结构。政府部门对经济进行调控的范围应面向全社会，而非专注于国有企业。二要在国有资本出资人与企业法人之间做出制度安排。一方面，国有企业改制后应与其他所有制企业一样拥有法人财产权，依法自主经营；另一方面，通过出资人代表对国家出资兴办和拥有股份的公司依法行使所有者职能，对公司债务承担相应的责任。三要彻底取消企业的行政级别和经营管理人员的干部身份，从而改变党政部门对企业的行政指挥和监督。

充分发挥"新三会"的作用。实行公司制改造的目的是打破传统的企业制度模式，建立起符合市场经济发展要求和国际规范的现代企业制度。股东会、董事会和监事会是公司制企业的权力机构、决策机构和监督机构，称为"新三会"。但是，党委会、职代会、工会"老三会"在体制转换中仍发挥着作用。新老三会并存，造成机构重叠、多头领导，既影响工作效率，也使公司在治理结构上难以规范。因此，应当按照《公司法》的要求尽快解决新旧制度的交叉，"老三会"与"新三会"的相近职能应逐步向"新三会"转移、并轨，着力发挥"新三会"的作用。要充分发挥董事

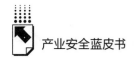
会对公司重要问题的统一决策作用，即一个企业只能有一个决策中心。要建立规范的、可以追究董事责任的董事会议事规则，实行集体决策、个人负责。要积极吸收外部董事参与董事会决策，提高决策水平。

全面推行经理人员选聘制度。加速将政府部门和党组织对经理人员的任命制改为董事会对经理人员的选聘制，发挥市场对经理人员的配置作用。要建立科学的激励与约束机制，使经理人员的报酬与经营业绩挂钩，使经理人员的行为更加规范。

（四）加强政治学习，提高政策把握能力

首先，十八大以来，文化产业政策逐步摆脱以经济性目标为主体的发展格局，各级政府对文化产业的重视达到新的高度，更多细化的产业政策和扶持政策将会成为以后很长一段时间内的亮点。其次，文化事业和文化产业相辅相成、共同发展的格局仍未变，但是文化事业和文化产业的区分更趋明显，文化产业对于文化发展、文化强国的重要性日趋明显，文化产业的发展空间更趋灵活。最后，文化产业的发展，而不是文化事业的发展，与中国文化"走出去"的关系更加紧密，这可以说明，国家对于文化企业的海外市场拓展将会提供更多、更好的扶持政策。从最后两点也可以看出，党和国家愿意把文化产业和文化企业逐步纳入市场经济的竞争体系中去，通过深化体制改革、解除文化发展的阻力，增强文化的整体实力和竞争力。

此外，要把握好文化产业发展的价值属性：要坚持把社会效益放在首位，实现社会效益和经济效益的统一。坚持把社会效益放在

首位，最重要的表现便是文化产品和服务的价值属性不能违背社会主义核心价值观。二十四字核心价值观不仅是一种全社会的理想价值系统，还是指导文化产品和服务价值取向的标准，因为文化产品和服务不仅是一种可以交换的物质产品，还是包含诸多层面、具有内在价值属性的精神产品。为了培养社会的凝聚力和认同感，文化企业在文化产品和服务的创意、生产、传播及营销的过程中应该积极主动地遵循社会主义核心价值观。文化企业在实施企业治理和战略定位的各个环节，需要做到不违背社会主义核心价值观的要求，应该积极主动地遵循社会主义核心价值观的新理念。对于文化企业而言，遵循社会主义核心价值观的指导原则，一方面可以获得相应的项目扶持和政策扶持，增加企业的发展机遇，另一方面可以化解企业在发展过程中所面临的政策障碍和舆论障碍。

十八大报告提出了"促进文化和科技融合，发展新型文化业态，提高文化产业规模化、集约化、专业化水平"的新要求。应将其划分为三个领域来理解：第一，促进文化与科技融合；第二，发展新型文化业态；第三，文化产业规模化、集约化、专业化。三个领域互为表里、互为补充：中心是发展新型文化业态，主要方式是文化与科技融合，要达到的标准是文化产业规模化、集约化、专业化。未来我国文化产业发展的基本路径之一便是：既要发展文化的"产业化"，又要发展相关产业的逐步"人文化"，即通过文化来提升相关产业的附加价值。

十八大报告提出的"发展新型文化业态"，既适用于文化和创意的产业化，又适用于传统产业和相关新兴产业的文化跨界与融合，有助于提升相关产业的附加价值。而当下文化和创意与相关产

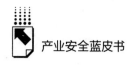

业的融合最重要的方式便是文化与科技的融合，尤其是软件和信息科技行业。

（五）提高企业经营管理水平，杜绝做假

出版传媒企业要在严峻的竞争中求生存、图发展，20%靠经营策略，20%靠市场机遇，60%靠管理层的执行力与员工的努力。企业应该以人为本，因为任何一个发展计划的实施都是由人来贯穿始末的。健全的管理体制并不是一步就能到位的，我们为追求高质量、高利润而制定的各项规章制度需要在工作实践中不断地修改、合并、优化，从而形成一整套适于公司发展的规范化管理制度。这是一个循序渐进的过程。

企业为追求最大限度的利润，一方面要节约资金，这样虽不能直接产生利润，但是有助于缩短资本的流动周期，相应地提高资本的使用效率；另一方面要扩大使用资本的规模，促进资本的集中，从而扩大生产经营规模。

从产品质量的管理来看，质量是企业是否合格的验证，是一个企业可以具有市场竞争力的先决条件。高品质不是靠检验达到的。如果产品质量要靠后期检验来实现，那么生产效率就会低下，造成人力与物力损失，所以必须在生产的第一线、第一时间就把好产品质量关。这要求每位员工都要有一种概念与意识：把最简单的本职工作做好，严格把关每一个生产环节的质量，减少时间和人员成本，提高生产效率。

从生产效率的管理来看，生产部门是有分工的，责任分开但技能却是相互渗透的。针对现有的人员配备，在有限的资源条件

下，努力提高每位员工的技能水平，优化人员组合。多方位技能提升的实质也是工作效率的提升，高效率需要企业内部上下思想同步，共同努力。

从生产成本的管理来看，降低成本要从生产的每一个环节来降低。明确生产流程与成本核算，时刻关注市场上第一时间出现的新供应商，以及时进行配置与核算。新方案、新供应商必是能为我所用、降低原有成本的。

企业各部门之间是相辅相成的，其责任明确、技能渗透，如此才能协调配合，提高效率。没有程序不足以形成系统，没有渗透更谈不上协调。在一个企业中需形成一股凝聚力，提高执行力，才能创造竞争力，最终提高生产力。

（六）完善企业战略人力资源管理，留住人才

人力资源的管理在现代企业中的作用至关重要。在发展方向明确、决策正确的前提下，决定一个企业最终能否成功的关键在于能否将战略、人员、运营有效地进行结合。而结合的途径是执行力，它能最终体现战略计划的实质价值，若没有一支强有力的团队去执行实施，再宏伟的蓝图也不过是一纸空文。建立一支有凝聚力、执行力强的高素质管理层，是所有企业都需要做的事情。没有健全的人力资源做后盾就不会有完善的经营管理机制。这是任何一个企业都必须处理好的问题。此外，发掘现有员工的潜能，合理地引导，最大限度地利用，可以帮助企业应对不断变化的市场。

上市和拟上市传媒公司可以针对高层人才表现出的有关风险，做出合适的防范措施。比如股权或期权激励；购买与公司利

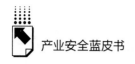

益相关的商业人才保险；采取亲民政策，做好思想工作，及时消弭各种内部冲突；建立完善的公司商业机密保护制度；实行储备人才机制，建立公司人才库，注意主动寻找和培养随时可以顶替和接班的高层人才等。只有针对高层人才提前设计相关的防范措施，才有可能在风险来临之时，将人才风险降至最低。

（七）聘请有实力的证券保荐机构，提高上市成功率

提高操作方案的可行性，降低上市风险。上市活动的技术性很强、操作性很强，涉及多方面的利益和各种复杂关系，不论是首次公开发行还是借壳上市，都具有较大的风险。因此，聘请在资本运作方面具有丰富经验和特殊专长的券商、保荐机构、财务顾问等中介机构，倾听并吸收它们的合理意见和建议，对于企业特别是初次涉足资本市场、从事上市活动而自身又不太具备资本运作人才和经验的企业来说，意义重大。

Abstract

The new media industry is an important part of the culture industry. It is also an important branch of the third industry. It is an inalienable organic part of the national economic development. The new media industry reflects the era background of the media convergence. In the development of new media industry, there are three significant features.

Firstly, the new media industry shows the characteristics of media convergence. Using the new media technology is the main power of the new media industry. But only the new media technology is not enough to push the development of the new media industry, and the new media content is the other important factor to promote the development of the new media industry. With the new media industry technology and the new media content, the new media industry which is lack of accumulation could develop. Whether the hardware integration of the digital TV and the IPTV, nor the software integration of the network, the mobile phone and the newspaper, they are all develop under the media convergence. At the same time, the continuous integration of the new media technology, content and form, promotes the organic integration of the new media industry chain and the value chain, bring a new business model and profit model for the new media industry.

Secondly, the new media industry reflects both the hard power and the soft power of a country. The enhancement of the national comprehensive strength is the embodiment of the national hard power and

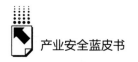

soft power. The new media industry as a new platform, it enhances the efficiency of cultural transmission and penetration with the new interactive civilian spread carrier. The appearance and the development of the new media industry, change the people's traditional lifestyle, and provides a new communication environment and channel for enhancing the national soft power. At the same time, the new media industry uses the information technology. As the higher relevance industry of the information industry, the development of the new media industry can provide a network platform for the information strategy of the country. And it promotes the military informationization and the building of the national defense information, to enhance the national hard power in another way.

Thirdly, the new media industrial development is insecurity. Compared to the traditional media industry, the new media industry showed the significant integration, competition and change when it appears. These characteristics of the new media industry makes the development of the new media industry with a certain degree of insecurity. This is the original intention of the report. And the security of the new media industry includes both the development security of the new media industry and the existence security of the new media industry.

This report is composed of three parts, they are the general report, the industrial reports, the special topics reports and the appendix.

The general report is "China's new media industrial security and current situation". In the general report, the meaning of the the new media industry security is defined and confirm the research scope of this report. It analyzes the situation and the characteristics of the development of the new media industry during the year 2013 – 2014. And it also analyzes the new media industrial security during the year 2013 – 2014.

The industry reports are divided into two parts, they are the mobile media industry and the network new media industry. The reports analyze the security and the development of the the four industries.

The subject reports are divided into two parts, the two points of the contents of the report are two closely related issues to the new media industrial security. They are the effect of the large data on the new media industrial security, the problem of the copyright protection of the new media industry.

The publication of this report is the crystallization of the collective wisdom of the group. In the process of the writing, because of the lack of the resources and the capacity, the report cannot profound and comprehensive the reflection of the security and the development of the new media industry during the year 2013 – 2014. It is the deficiency of this report. The research group will update and rewrite in the following annual report. If the readers and the experts have different opinions of the contents in the report, please generous with your criticism, the group will appreciate your criticism.

Contents

B I   General Report

Abstract: China's new media industry achieved great development in 2013. And there are some new characteristics appeared in the aspects of the policy environment, the industrial convergence, the industrial development and the industrial investment and financing in the new media industry. While paying attention to the development of the new media industry, the industrial security of the new media industry should pay more attention to. The industrial development, the industrial competitiveness, the industrial control and the industrial external dependence of the new media industry had shown a new trend in 2013.

Keywords: New Media Industry; Development Situation; Development Characteristics; Industrial Security

B II   Industry Reports

B. 2   The Current Situation of China's Mobile Media

Industrial Security

Xiao Li, Wang Zhuoyu / 038

Abstract: In recent years, China's mobile media industry has developed rapidly as it's popular among social mass attributed for its mobile, diversity and personalized characters. The characters of mobile media mainly embodied as mobility, interactivity, multi − media's integration and individuality. For mobile media, the spread speed is rapid, the spread scope is broad and the communicating effect is better than ever. For mobile media, the mode of transmission is it can realize specialist communications and interpersonal communications. The bases of mobile media industry rely both on technical progresses and its popularization.

The security of mobile media industry mainly includes the security of content, form, technology and copyright. As the whole security situation of China's mobile media industry concerns, follow aspects can do benefit for it, first is the progresses of network updating; the second is continue increase of consumers; the third is the market competitiveness of national brand tablet PC; the forth is the audience rating's increase on the mobile television media; the fifth is the attractive of mobile television to the advertisers; the sixth is the mobile media's commercial mode; and the last one is the laws and regulations.

Keywords: Mobile Media; Cell Phone Media; Industrial Security

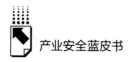

产业安全蓝皮书

B. 3　The Problems and Countermeasures of China's

Mobile Media Security

Wang Zhuoyu, Xiao Li / 077

Abstract: The problems in China's mobile media industry are mainly embodied as follows ten aspects. First, the development of mobile media industry of China is lagging behind compared to the developed countries. The second the content security of mobile media needed to be reinforce. The third, inadequate attention was paid for the copyright by China's mobile media industry. The forth, the information security in the mobile media has been worried. The fifth, the integration of mobile media industry need to be solved in the future. The sixth, talented person is lacked in the industry. The seventh, in parts of the industrial chain, there are monopolized situation exist. The eighth, the industry policy is imperfect. The ninth, the regulate standards are imperfect. The tenth, there is a situation of over market-oriented in the mobile media industry.

In order to solve all above issues, we concluded that the follow aspects needed to be done. First, reinforcement of the content security in the mobile media industry; the second, establish a consciousness of copyright, make sure the security of copyright and avoid the infringements exist in mobile media industry; the third, carry forward the industry convergence; the forth, strength the regulate and supervise through laws and regulations in order to push development of mobile media industry and avoid over market-oriented of it; the fifth, pay attention to the training of professional and talents building in order to meet the mobile media industry's required personnel.

Keywords: Mobile Media; Industrial Security; Problems and Countermeasures

B Ⅲ   Subject Reports

B. 4   The Impact of Big Data Technology on Security and

Development of New Media Industry   *Sun Yuquan* / 099

Abstract: The advance of digital information technology, not only has brought the birth and development of the new media industry, but also created a vast amounts of data. Traditional data processing technology is not very good to deal with storage and calculation of mass data, so people invented the new technology to cope with the challenges, and its name is Big Data.

Development of the new media industry also brought a lot of data, and Big Data technology is eager desired. The new media industry has found a new development area during usage of Big Data technology, includes real-time advertising system, audience interest mining, and data journalism. These new media field not only brings consumers much more media content and better consumption experience, also has brought the new media industry more output value and profit.

BAT, the big three of China's new media industry, have most application and contribution on Big Data technology. However, compared with foreign's top companies such as Amazon and Google, our technology is not much advanced. Lack and backward of technology will

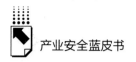

bring the new media industry security risk, and restricts the development of the industry too. On the contrary, if we can catch opportunity of big data development, develop new technology of Big Data which is based on Chinese national conditions, we will be able to get rid of the dependence of foreign hardware and software, and master the core technology by ourselves.

Keywords: Big Data; New Media Industry; Industrial Security

B. 5 Copyright Protection of New Media Industry

in the Digital Technology Era *Xiao li* / 123

Abstract: Countries all over the world attach great importance to the copyright

protection problem. Since 2001, China has increased the strength of the copyright protection in the new media industry. We modified, adjusted, formulated a series of laws and regulations for escorting the security of the new media industry, and made remarkable achievements. Even so, the new media copyright problems still exist in the objective fact. The digital contents of new media challenge the exclusiveness of copyright. The diversification of media forms allows the diversification of user identity, which will lead to difficulties of controlling copyright. The limitlessness of spread of the Internet usage also challenges the limitation of copyright protection. From the perspective of the industrial chain of the whole new media industry, content providers, software and technology providers, network operators, service providers and new media terminal, Copyright security is essential to all of them. In order to promote security and development of new media industry, in the aspect of low, our country should further perfect the intellectual property protection laws and regulations, especially attach great importance to the protection of network intellectual property rights. In the aspect of technology, we should widely use the high and new technology to provide technical support for the new media industry security. In the aspect of strengthen the awareness of copyright, we should strengthen the degree of attention to the copyright, intensify publicity and education, move the copyright consciousness propaganda into primary, secondary, university classroom, and cultivate the social public to build the correct copyright consciousness like " boycott of piracy starts from me, everybody is responsible for combating piracy".

Keywords: Digital Technology; New Media Industry; Copyright Protection

Abstract: In order to improve the management structure and accelerate the development, publishing and media enterprises have the urgent requirement to enter the capital market. It is different from the general industry, publishing and media companies in the management and listing process to face special risks, including macroeconomic risks, political risks, industry policy and legal risk, management risk, , financial risk, and et. al. For publishing media companies, the listing is both an opportunity and a challenge. Publishing and media companies should take advantage of market opportunities, improve corporate governance

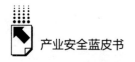

structure, improve the management system of enterprises, improve the policy ability, and further to the development of modern culture media enterprises.

Keywords: Publishing Media Companies; Capital Market; Financing; Risk Management

❖ 皮书起源 ❖

"皮书"起源于十七、十八世纪的英国,主要指官方或社会组织正式发表的重要文件或报告,多以"白皮书"命名。在中国,"皮书"这一概念被社会广泛接受,并被成功运作、发展成为一种全新的出版型态,则源于中国社会科学院社会科学文献出版社。

❖ 皮书定义 ❖

皮书是对中国与世界发展状况和热点问题进行年度监测,以专业的角度、专家的视野和实证研究方法,针对某一领域或区域现状与发展态势展开分析和预测,具备权威性、前沿性、原创性、实证性、时效性等特点的连续性公开出版物,由一系列权威研究报告组成。皮书系列是社会科学文献出版社编辑出版的蓝皮书、绿皮书、黄皮书等的统称。

❖ 皮书作者 ❖

皮书系列的作者以中国社会科学院、著名高校、地方社会科学院的研究人员为主,多为国内一流研究机构的权威专家学者,他们的看法和观点代表了学界对中国与世界的现实和未来最高水平的解读与分析。

❖ 皮书荣誉 ❖

皮书系列已成为社会科学文献出版社的著名图书品牌和中国社会科学院的知名学术品牌。2011 年,皮书系列正式列入"十二五"国家重点图书出版规划项目;2012~2014 年,重点皮书列入中国社会科学院承担的国家哲学社会科学创新工程项目;2015 年,41 种院外皮书使用"中国社会科学院创新工程学术出版项目"标识。

中国皮书网

www.pishu.cn

发布皮书研创资讯，传播皮书精彩内容
引领皮书出版潮流，打造皮书服务平台

栏目设置：

□ 资讯：皮书动态、皮书观点、皮书数据、
　　　　皮书报道、皮书发布、电子期刊
□ 标准：皮书评价、皮书研究、皮书规范
□ 服务：最新皮书、皮书书目、重点推荐、在线购书
□ 链接：皮书数据库、皮书博客、皮书微博、在线书城
□ 搜索：资讯、图书、研究动态、皮书专家、研创团队

　　中国皮书网依托皮书系列"权威、前沿、原创"的优质内容资源，通过文字、图片、音频、视频等多种元素，在皮书研创者、使用者之间搭建了一个成果展示、资源共享的互动平台。

　　自 2005 年 12 月正式上线以来，中国皮书网的 IP 访问量、PV 浏览量与日俱增，受到海内外研究者、公务人员、商务人士以及专业读者的广泛关注。

　　2008 年、2011 年中国皮书网均在全国新闻出版业网站荣誉评选中获得"最具商业价值网站"称号；2012 年，获得"出版业网站百强"称号。

　　2014 年，中国皮书网与皮书数据库实现资源共享，端口合一，将提供更丰富的内容，更全面的服务。

法 律 声 明

"皮书系列"（含蓝皮书、绿皮书、黄皮书）之品牌由社会科学文献出版社最早使用并持续至今，现已被中国图书市场所熟知。"皮书系列"的LOGO（▨）与"经济蓝皮书""社会蓝皮书"均已在中华人民共和国国家工商行政管理总局商标局登记注册。"皮书系列"图书的注册商标专用权及封面设计、版式设计的著作权均为社会科学文献出版社所有。未经社会科学文献出版社书面授权许可，任何使用与"皮书系列"图书注册商标、封面设计、版式设计相同或者近似的文字、图形或其组合的行为均系侵权行为。

经作者授权，本书的专有出版权及信息网络传播权为社会科学文献出版社享有。未经社会科学文献出版社书面授权许可，任何就本书内容的复制、发行或以数字形式进行网络传播的行为均系侵权行为。

社会科学文献出版社将通过法律途径追究上述侵权行为的法律责任，维护自身合法权益。

欢迎社会各界人士对侵犯社会科学文献出版社上述权利的侵权行为进行举报。电话：010－59367121，电子邮箱：fawubu@ ssap. cn。

社会科学文献出版社